Volker Wissen
Beiträge zu Geschichte, Lehre und Leben der apostolischen Gemeinschaften

Nummer 5

Der Konflikt

Bischoff ./. Kuhlen

Beiträge zu Geschichte, Lehre und Leben der apostolischen Gemeinschaften

Nummer 5

Der Konflikt

Bischoff ./. Kuhlen

Volker Wissen

Re Di Roma-Verlag

Bibliografische Informationen durch
Die Deutsche Bibliothek:
Die Deutsche Bibliothek verzeichnet diese Publikation in der deutschen Nationalbiografie, detaillierte bibliografische Daten sind im Internet über http://dnb.ddb.de abrufbar.

ISBN 978-3-86870-463-1

Fotos mit freundlicher Genehmigung der Rechteinhaber. Siehe Abbildungsverzeichnis Seite 74

www.rediroma-verlag.de

8,95 Euro (D)

<u>In dieser Reihe bereits erschienen:</u>

Volker Wissen - Theologische Entwicklungen der Vereinigung Apostolischer Gemeinden (VAG) von 1956 bis heute - Nummer 1

Edwin Diersmann - „An ihren Früchten sollt ihr sie erkennen“ - Das Erbe von Friedrich Wilhelm Schwarz: 100 Jahre niederländische apostolische Gemeinschaften, ein geschichtlicher Überblick - Nummer 2

Volker Wissen - „Zur Freiheit berufen“ - Ein Portrait der Vereinigung Apostolischer Gemeinden und ihrer Gliedkirchen - Nummer 3

Edwin Diersmann - Die Kirchenspaltung in der „Hersteld Apostolische Gemeente in de Eenheid der Apostelen“ in den Jahren 1946 bis 1951 unter Berücksichtigung wissenschaftlicher Theoriebildung bezüglich Kirchenspaltungen - Nummer 4

Inhalt

Der Konflikt Bischoff-Kuhlen

Am 23. Januar 1955 kam es auf einer Apostelversammlung der Neuapostolischen Kirche (NAK) in Frankfurt am Main zur Absetzung und zum Ausschluss der Apostel Dehmel, Dunkmann und Kuhlen aus der Neuapostolischen Kirche. Der Vorwurf lautete, die „Botschaft“ des Stammapostels, dass Christus zu seiner Lebenszeit wieder käme, nicht genügend gepredigt zu haben. Einem angebotenen Rücktritt kamen die Apostel nicht nach und wurden daher ausgeschlossen. Ihnen folgten sämtliche Bezirksämter des Rheinlandes und über 10.000 Geschwister. Man gründete am Folgetag, dem 24. Januar 1955, in Düsseldorf die Apostolische Gemeinschaft e.V..

Als Grund für die Eskalation und den Ausschluss wurde immer die „Botschaft“ des Stammapostels angeführt. Insbesondere die Ausgeschlossenen selbst vertraten diese Position. Von Seiten der NAK wurde der Zusammenhang bis zu einem Geschichtsvortrag am 4. Dezember 2007 grundsätzlich nicht in Frage gestellt. In diesem Geschichtsvortrag, der maßgeblich von Apostel Walter Drave erarbeitet wurde, werden die Beziehungen der Apostel- und des Stammapostels, die Art der Kirchenleitung sowie Machtinteressen der Ausgeschlossenen einseitig als Ursachen dargestellt. Außerdem wurde willkürlich ein Zeitraum von 1935 bis 1955 (von der Apostelordination Kuhlens bis zu seinem Ausschluss) gewählt, ohne wesentliche Rahmenbedingungen der früheren Jahre zu berücksichtigen. Dass die Verkündigung der Botschaft und deren Dogmatisierung wesentlich für die Kirchenspaltung war und es auch um den Verlag Friedrich Bischoff ging, wurde vollständig negiert.

Ich möchte daher hier die Zusammenhänge nochmals in ihrer Chronologie und Wechselwirkung darstellen und aufzeigen, dass es eine vielschichtigere Problemlage ab den 1920-Jahren gab, die zu Spannungen und Eskalation führte. Das waren wohl in erster Linie unterschiedliche Vorstellungen über die Machtverteilung in der Kirchenleitung, das Verlagswesen in Familienhand und schließlich eine instrumentalisierte „Botschaft“.

Die Zeit vor und im 2. Weltkrieg

Johann Gottfried Bischoff wurde von Stammapostel Hermann Niehaus am 10. Oktober 1920 in Bielefeld zum Stammapostelhelfer und damit Stellvertreter des Stammapostels ordiniert. Für diese Position hatte Niehaus lange den niederländischen Bezirksapostel van Oosbree ausersehen. Da sich dieser in einigen theologischen Positionen jedoch von der deutschen NAK entfremdete war er wohl im deutsch dominierten Apostelkreis nicht mehrheitsfähig. Deshalb rückte Bezirksapostel Carl August Brückner aus Sachsen/Schlesien als potentieller Nachfolger ins Rampenlicht. Brückner war außerordentlich erfolgreich in seinem Bezirk und besaß großen Rückhalt in vielen Bezirken und war außerdem der Herausgeber der Zeitschrift „Neuapostolische Rundschau". Aufgrund des Kriegsausganges des 1. Weltkrieges und der zunehmend schwärmerischen Art von Niehaus kam es zu einer Entfremdung der beiden Männer. Brückner, den man kurz als „liberal-prostestantisch" charakterisieren könnte, äußerte offen Kritik an manchen Zuständen in der Kirche und wurde zum Sprachrohr etlicher Unzufriedener auch aus dem Bezirk von J.G. Bischoff. Auch Bezirksapostel J.G. Bischoff aus Hessen selbst unterstützte damals Brückners Sicht, vermied es aber diese offen kund zu tun. Er kann von seinem Wesen im Gegensatz zum „charismatisch-schwärmerischen" Niehaus und „liberal-prostestantischen" Brückner eher als „orthodox-katholischer" Vertreter charakterisiert werden. All diese Charakterisierungen greifen natürlich kurz und bedürften einer genaueren Analyse. Daher rückte Bischoff statt Brückner als Nachfolger des Stammapostels auf. Etwa ein halbes Jahr nach seiner Ordination zum Stammapostelhelfer am 10. Oktober 1920 kam es zur Spaltung zwischen Niehaus und Brückner und zur Gründung Reformiert-apostolischer Gemeinden.

Andreas Ostheimer schreibt in einem Aufsatz über die Apostelamtsvorstellungen zur Zeit von Stammapostel Niehaus: „Die Ansicht über das Apostel- und das Stammapostelamt, die Niehaus zu der damaligen Zeit hat, ist noch nicht eine theokratische. [...] Dieses System der gegenseitigen Kontrolle und Unterstützung ist keine Theokratie. Auch ist nirgends davon die Rede, dass nur in der Verbindung mit dem Stammapostel Apostel existieren können. Das Verständnis von Apostolizität war in einer Zeit, als es durchaus noch selbständige Apostelbereiche und Apostel, die durch Weissagung berufen waren, gab, ein anderes als ab ungefähr der Zeit Bischoffs."[1]

Die Apostelbezirke arbeiteten zu dieser Zeit noch recht autark und das Stammapostelamt wurde – zwar mit zunehmender Tendenz – weniger als Leitungsamt sondern als kollegiales Amt verstanden, wie es der apostolischen Tradition seit den englischen Aposteln entsprach. Zu dieser Zeit gab es auch noch nicht so sehr viele Apostelbezirke[2] und Niehaus selber leitete als Stamm- und Bezirksapostel das große Gebiet Rheinland und Westfalen selbst.

Am 14. Dezember 1924 wurde Bischoff zum Stammapostelnachfolger ernannt und übernahm das Stammapostelamt 1930 nach der Dienstunfähigkeit von Niehaus. Im Jahr 1925 betrug die Mitgliederzahl der NAK in Deutschland etwa 138.000 Personen.[3] 1928 gab es zehn deutsche Bezirksapostel und nur drei Hilfsapostel, im Ausland wirkten sechs weitere Apostel mit zwei Hilfsaposteln. Außerdem gab es noch Apostel, die nicht im Kollegium der NAK zusammen geschlossen waren,

---

1 *Ostheimer, Andreas: Neue Apostel und Echte Apostel. Zur Kontroverse zwischen Niehaus und Niemeyer in: Aufbau, Ausbau, Trennungen, 2. Tagungsband des Netzwerkes Apostolische Geschichte, Nürtingen 2009, S. 45-46*

2 *so z.B. 1905 erst fünf deutsche und einen niederländischen Bezirk; und 1928 10 deutsche, zwei europäische und fünf außereuropäische Bezirke nach Apostelkollegium der Neuapostolischen Gemeinden: Der Größte unter ihnen, Frankfurt 1928, S. 102+140*

3 *Böcher, Klaus: Die Neuapostolische Kirche als christliche Glaubensgemeinschaft, wissenschaftliche Arbeit, 28.05.1976, Gesamthochschule Siegen*

jedoch auch als Apostel anerkannt wurden, aber eigene Wege gingen.

„Im Jahre 1928 wurde auf Veranlassung des Herrn J.G. Bischoff in Frankfurt a.M. eine Hausdruckerei der Vereinigten Neuapostolischen Gemeinden Süd- und Mitteldeutschlands e.V. errichtet. In dieser Hausdruckerei ließ Herr J.G. Bischoff die von ihm herausgegebenen Zeitschriften (im Wesentlichen die „Wächterstimme aus Zion" und „Amtsblatt", Anm. d. Verf.) drucken und verlegen."[4] Der Sohn des neuen Stammapostels, Friedrich Bischoff, übernahm, 19jährig, im Jahre 1928 von Niehaus die Leitung der Hausdruckerei. Als der Kirche jedoch der Vorwurf gemacht wurde, einen Regiebetrieb zu unterhalten, veranlasste das die Kirchenleitung 1932, die Druckerei aufzugeben.[5] Bischoffs Rechtsanwalt Eberhardt stellt in einem Schreiben klar, dass die Überschüsse der Druckerei und des Verlages vom Stammapostel der „Unterstützungskasse der NAK" komplett zugeflossen seien, der Stammapostel seit 1932 auf sein Gehalt verzichtet habe und nur von schriftstellerischen Tantiemen lebe.[6] Auch bei Hotelübernachtungen auf den damals noch üblichen Meldescheinen trug der Stammapostel unter Beruf die Tätigkeit „Schriftsteller" ein.[7] Die Erträge aus dieser Tätigkeit müssen allerdings ziemlich hoch gewesen sein, denn J.G. Bischoff schreibt in seinem Lebenslauf: „Vom 22. April 1931 bis 12. Juli 1933 habe ich von meinem Verdienst den Betrag von RM 16.036,50 an arme Volksgenossen gegeben."[8] Sein Sohn Friedrich Bischoff erwarb die Einrichtungen, mietete die Räumlichkeiten und machte sich damit am 1. Juli 1932 selbstständig, am 15. Juni

---

4 *Eberhardt, Waldemar, Dr. jur.: Schreiben an die Satirezeitschrift „Frankfurter Laterne" vom 3. Mai 1933*

5 *Eberhardt, Waldemar, Dr. jur.: Schreiben an die Satirezeitschrift „Frankfurter Laterne" vom 3. Mai 1933*

6 *Eberhardt, Waldemar, Dr. jur.: Schreiben an die Satirezeitschrift „Frankfurter Laterne" vom 3. Mai 1933*

7 *Keller, Manfred, Zeitzeugenaussage bei der Besprechung dieses Aufsatzes*

8 *Zitiert nach Zitiert nach König, Michael: Die Neuapostolische Kirche in der N.S.-Zeit, Feldafing 1993, S. 5*

1937 wurde die Druckerei ins Handelsregister eingetragen. Seitdem tragen Druckerei und Verlag seinen Namen. Ihm wurde die Auflage gemacht, die Bezugspreise zu reduzieren.[9] Daraus kann man folgern, dass sie als zu hoch empfunden wurden. Seit 1933 wurde die Zeitschrift "Unsere Familie" zusätzlich herausgegeben. 1936 übernahm Erich Meyer-Geweke die Chefredaktion als Schriftleiter. Von 1935 bis 1956 war Gottfried Rockenfelder verantwortlicher Redakteur der Zeitschriften „Wächterstimme", „Amtsblatt" und „Der Jugendfreund".[10] Laut einer Auskunft der Creditreform vom 22. März 1955 war die Inhaberschaft nur formeller Art.[11] Dies könnte bedeutet haben, dass Friedrich Bischoff wirtschaftlich nicht unabhängig war, da er fast ausschliesslich von Auftragsarbeiten seines Vaters lebte. Am 1. April 1948 trat Friedrich Bischoff wieder als Teilhaber ein und war seit Mai 1949 Alleininhaber.[12]

Die Stellung des Stammapostels wurde nach der Übernahme des Amtes durch Bischoff immer mehr überhöht. Was auch durch die, in Familienhand befindliche, neuapostolische Presse unterstützt wurde. So spricht der australische Apostel Dietz in einem Gottesdienst am 16. September 1933 in Düsseldorf: „zu Füßen des lieben Stammapostels sitzen ..., um das zeitgemäße Wort zu hören. ... zu dem lebendigen Altar in der Aposteleinheit, in dem Stammapostel, zu kommen. .... lesen und glauben kann man auch am Ende der Welt, aber nicht hören. So mussten wir schon unsere Lager verlassen, um zu dem sprechenden Sohn, zu dem Geist gewordenen Wort, was vom Himmel gekommen, zu dem Wort, was von Anfang war und wohnte unter uns, zu kommen. ... um den Sohn

---

9 *Eberhardt, Waldemar, Dr. jur.: Schreiben an die Satirezeitschrift „Frankfurter Laterne" vom 3. Mai 1933*

10 *Meier-Widmer, Erwin in: Chronologie der Aera Johann Gottfried Bischoff, Schaffhausen 6. April 1998, ergänzt 5. November 1998*

11 *Was dieser Eintrag bedeutet, konnte der Verfasser leider nicht klären.*

12 *Creditreform Frankfurt: Auskunft zur Friedrich Bischoff Druckerei vom 22.3.1955*

Gottes in dem Stammapostel zu hören."[13] Hier werden biblische Aussagen über Christus selber auf einen Menschen übertragen. Auch im Lehrbuch „Fragen & Antworten" wurde der Stammapostel als „Repräsentant des Herrn auf der Erde" bezeichnet. Das waren zunächst noch eher theologische Begründungen.

Andererseits galt diese Überhöhung auch den anderen Aposteln. Bischof Otto spricht im Neujahrsgottesdienst 1939 in Düsseldorf: „Der liebe Apostel Kuhlen, der uns vom Herrn gegeben ist."[14] Hier ist offensichtlich eine direkte Sendung der Apostel durch Jesus noch im Glaubensleben verankert. Apostel Kuhlen schreibt dazu in Aufzeichnungen[15]: „Je älter Stammapostel Bischoff wurde, je mehr geriet er unter unguten Einfluss aus seiner nächsten Umgebung; und außerdem lehrte er immer krasser die Irrlehre, dass allein der Stammapostel von Jesu gesandt sei und die Apostel nur des Stammapostels Gehilfen wären, dass er allein die rechte Lehre verkünde und die anderen Apostel so lehren müssten wie er."

Nun folgte die Zeit des Nationalsozialismus in Deutschland. Das staatliche „Führerprinzip" wurde auch von J.G. Bischoff sehr gerne übernommen und immer stärker auf die Kirche übertragen. „Bei der Aufstellung aller Satzungen wurde von dem für die Autorität einer Kirche bestimmenden Gedanken des Führerprinzips ausgegangen, um dadurch die Möglichkeit zu einer straffen Führung zu gelangen..."[16] Eine Distanz zum Regime lässt Bischoff nicht erkennen: „Eine große Zahl meiner Rundschreiben an die Leiter und Diener der Neuapostolischen Kirche Deutschlands liefert den klaren Beweis, dass sie uneingeschränkt und bedingungslos die nationalsozialistische Be-

---

13 *o.V.: Bericht über den Gottesdienst gehalten vom Stammapostel im Beisein der überseeischen Apostel am 16.9.1933 im Apollo-Theater in Düsseldorf*

14 *o.V.: Bericht über den von Bezirksapostel Kuhlen gehaltenen Bezirksgottesdienst in der Gemeinde Düsseldorf-Flingern am Neujahrstage 1939*

15 *Kuhlen, Peter: Einige Aufzeichnungen über mein apostolisches Leben, o.O., o.J.*

16 *Zitiert nach Zitiert nach König, Michael: Die Neuapostolische Kirche in der N.S.-Zeit, Feldafing 1993, S. 7*

wegung nicht nur anerkennt, sondern auch gefördert hat... Heil Hitler, gez. J.G. Bischoff".[17] Auch fast alle deutschen Apostel waren nationalsozialistisch eingestellt bzw. waren Mitglied in der NSDAP (13 Apostel, davon 10 Bezirksapostel traten der Partei bei). 1933 schreibt Apostel Landgraf für das Apostelkollegium eine dreiseitige Schrift „Die Neuapostolische Kirche im Dritten Reich".[18] Apostel Kuhlen trat kurz nach seiner Bischofsordination am 1. Mai 1933 in die Partei ein. Vielfach wurde geäußert, er sei auf Geheiß des Stammapostels aus „taktischen" Gründen eingetreten, wofür es jedoch keine Quellen gibt, es klingt jedoch plausibel, da es für leitende Angestellte einer großen Organisation von Vorteil war. Nach einer Zeitzeugenaussage von Werner Kuhlen, dem Sohn, bei der Besprechung dieses Aufsatzes „habe sich sein Vater sehr schwer mit dem Parteieintritt getan." Auch der Zeitzeuge Manfred Keller sagt, dass Kuhlen ihm persönlich gesagt habe: „Die Gemeindeleitung wollte unmittelbar nach dem Machtwechsel jüngere Mitglieder in der Partei haben, um ggf. über politische Weichenstellungen oder Maßnahmen gegen die Kirche informiert zu sein." Es gibt keine Hinweise darauf, auch in seiner Personalakte nicht, dass Peter Kuhlen ein überzeugter Nazi war.[19] Die erst deutlich nach dem Krieg ordinierten Apostel Rockenfelder, Hahn, Tiedt, Friedrich Bischoff, Wilhelm Schmidt, Herrmann, Gurtner, Köhler, Volz und Knobloch sind alle schon sehr früh, ohne hohe Ämter in der Kirche gehabt zu haben, Parteimitglieder gewesen.[20] Daraus lässt sich schließen, dass sie der Ideologie auch nahestanden. Bischoff jun. hatte neben seiner Parteimitgliedschaft auch einen Antrag auf Mitgliedschaft in der SA-Fliegerstaffel gestellt, der aber wohl später zurück gezogen worden sein soll. Sein Vater schreibt dazu: „Mein Sohn hat die Fliegerprüfung abgelegt, um

---

17 *Zitiert nach König, Michael: Die Neuapostolische Kirche in der N.S.-Zeit, Feldafing 1993, S. 3*

18 *König, Michael: Die Neuapostolische Kirche in der N.S.-Zeit, Feldafing 1993, S. 8*

19 *Schabronat, Klaus: Die NAK im Dritten Reich – ein Zwischenbericht, o.J., o.O., S. 28*

20 *Schabronat, Klaus: Die NAK im Dritten Reich – ein Zwischenbericht, o.J., o.O., S. 28*

mit seinem Können dem Vaterland und seinem Führer zu dienen... Heil Hitler! gez. J.G. Bischoff.“[21]

In einem Stammapostelgottesdienst vom 16. September 1933 in Düsseldorf nutzt Bischoff häufig Wörter und Sätze aus dem nationalsozialistischen Sprachschatz auch in Bezug auf sein Amt: „... wie im natürlichen Leben der Führer seinem Volke Gesetze und Verordnungen gibt, so gibt auch der Herr Jesus für sein Reich die Verordnungen. Dies ist die Wiedergeburt aus Wasser und Geist. [...] Die Erfahrung hat es gelehrt, dass trotz bester Erziehung manche sich zu Schädlingen am Volkskörper entwickelten (gemeint war Brückner, Anm. d. Verf.)... dass an den Gehorsam an das Wort des von Gott gegebenen Führers Leben und Seligkeit aber auch die Vollendung gebunden ist. ... Sie haben es bewiesen, wir wollen es auch beweisen in der Treue zu denen, die Gott uns als Führer gegeben hat. ... der Führer des natürlichen Staates soll mit den Gotteskindern keine Last haben, keine Beschwernisse. ... Gott will sein Volk vollenden ... und wie ich schon am Anfang erwähnte kann es uns nicht einerlei sein, ob wir im Schweinestall sitzen oder eine anständige Wohnung haben.[22] Nach Aussage von Werner Kuhlen haben sich die Apostel Dach und Kuhlen entsetzt über diese Predigt in Düsseldorf gezeigt.

Nicht nur in der Vorstellung von der Kirchenleitung veränderte sich das Verständnis, auch in äußeren Faktoren, so z.B. im Baustil der Kirchen. Waren die Kirchenbauten bis in die 1920er Jahre eher schlichte Versammlungshäuser zum Teil mit Wohnungen, wurden insbesondere in Frankfurt 1925 zwei neue repräsentative Kirchengebäude im Stil römischer Tempel gebaut. Auch das Kirchengebäude in Eschwege wurde unter der Regie von Apostel Rockenfelder mit einem Säulenportikus versehen. In anderen meist süddeutschen Städten erfolgten repräsentative Neubauten wie in Mannheim, Stuttgart und Tübingen. Auch der funktionale Bauhausstil wurde dabei

---

21 *Zitiert nach König, Michael: Die Neuapostolische Kirche in der N.S.-Zeit, Feldafing 1993, S. 3*

22 *o.V.: Bericht über den Gottesdienst gehalten vom Stammapostel im Beisein der überseeischen Apostel am 16.9.1933 im Apollo-Theater in Düsseldorf*

mehrfach umgesetzt. Im Rheinland hingegen blieb es bis in die 1960er Jahre bei einfachen meist zweistöckigen, schnörkellosen Zweckbauten.

In seinem Lebenslauf an das preußische Kulturministerium schrieb Bischoff am 2. August 1933, dass er größere Geldmittel aus seinem Vermögen in einen Fonds für „Volksgenossen" gespendet habe. „Als Verwalter über diesen Fonds habe ich zwei Parteigenossen und einen Buchhalter bestellt." Der Reichsführer SS bescheinigt dem Stammapostel im Mai 1937 ebenfalls eine positive Einstellung zum Staat und dessen Ideologie, dem schliesst sich 1938 die Gestapo an.[23] Auch wurde der 10. Glaubensartikel, das Verhältnis zur Obrigkeit betreffend, der in der Weimarer Republik fallen gelassen worden war, im September 1930 wieder eingeführt.

Die Kirche passte sich den neuen Machtverhältnissen an und entging einem Verbot, die Kirchenschriften wurden zensiert. So wurde im Namen der Kirchenzeitschrift „Wächterstimme" der Zusatz „aus Zion" 1935 gestrichen. In einem Rundschreiben an die Amtsträger vom 25. April 1933 heißt es, dass es bei Eintrittsgesuchen von Mitgliedern aufgelöster staatsfeindlicher und freidenkerischer Organisationen in Zweifelsfällen gut sein werde, „die Personalien solcher Personen der zuständigen Ortsgruppe der NSDAP zur Nachprüfung vorzulegen" und ihre Aufnahme erst nach dem Vorliegen einer Unbedenklichkeitserklärung der NSDAP zu vollziehen. Durch den Krieg kam es zur Entfremdung und gewissen Unabhängigkeit der ausländischen neuapostolischen Gemeinden und deren Leiter, was sich unmittelbar nach dem Krieg in Auseinandersetzungen insbesondere in den Niederlanden und im Saarland – zum Teil auch in der Schweiz - bemerkbar machte. Auch begünstigten offenbar die politischen Entwicklungen eine Verschiebung in der Auffassung des Apostel- und Stammapostelamtes in weiten Teilen Deutschlands hin zu einem autokratischeren Stil, wohl deutlich weniger im Ausland.

---

23 König, Michael: Die Neuapostolische Kirche in der N.S.-Zeit, Feldafing 1993, S. 6

Am 31. März 1935 wurde Peter Kuhlen in der 1926 erbauten Kirche Düsseldorf-Flingern, Krahestraße zum Apostel und Helfer des Apostels Dach, seines Schwiegervaters, eingesetzt. Dieser ging am 6. November 1938 in den Ruhestand und Kuhlen wurde Bezirksapostel.

Kuhlen benutzte keinen national geprägten Wortschatz, stellte aber auch die unbedingte Treue zum Stammapostel in den Vordergrund. So z.B. in der Neujahrspredigt 1939 in der Kirche in Düsseldorf-Flingern: „... Apostel Dach und auch Apostel Schmeling ... können Zeuge dessen sein, dass in dem gleichen Geiste, in dem sie gedient, geschafft und gewirkt haben, weiter gedient und geschafft wird. ... Wir wollen nicht nach rechts und nach links gehen, die Richtung geht geradeaus, vorwärts immer näher dem Ziele, das Auge gerichtet auf den, der uns vorangeht und das ist in erster Linie unser Stammapostel. ... der Bischof folgt in gleicher Richtung dem Apostel und dieser dem Stammapostel. ... Die Einigkeit ist ein recht wichtiger Faktor im Werke Gottes, ..., aber Eintracht und Einigkeit lassen sich auf Dauer allein nicht durch den Versuch und durch vernunftmässige Rücksichten halten, (sondern) außerdem von dem Band der Liebe... Bei unserer Arbeit an unsterblichen Seelen, muss in allem die Liebe die Triebfeder sein. ... aber wo Liebe wohnt, kann auch ein Ausgleichen stattfinden. ... Wir folgen dem Herrn in seinen Aposteln nach. Die Apostel haben das Vertrauen zu dem Stammapostel als dem Haupte des Werkes Gottes... ich versichere euch aus tiefstem Herzen, dass ich alles tun werde, auch in dem neuen Jahr euch im Geiste Christi voran zu gehen und ich meinem Vorgänger, in dem geliebten Stammapostel folgen werde und immer um das Einssein bemüht bleiben werde."[24] „Außerdem sprach Apostel Kuhlen in einem Gottesdienst Anfang der 1940er Jahre ausführlich über die Greueltaten des Kaisers Nero gegen die Christen. Er erwähnte die Nazi-Regierung nicht ausdrücklich, aber jeder wußte, was gemeint war."[25]

---

24 o.V: Bericht über den von Bezirksapostel Kuhlen gehaltenen Bezirksgottesdienst in der Gemeinde Düsseldorf-Flingern am Neujahrstage 1939

25 Petzold, Reinhard, Zeitzeugenaussage bei der Besprechung dieses Aufsatzes

Während der Nazi-Diktatur konnte die Neuapostolische Kirche im Gegensatz zu anderen kleineren Glaubensgemeinschaften, die verfolgt oder verboten wurden, einen deutlichen Mitgliederzuwachs um etwa 65.000 Mitglieder (ca. +25%) verbuchen.[26] Auch versuchte der Stammapostel, allerdings erfolglos, die rechtlich unabhängigen neuapostolischen Bezirke in Deutschland 1938 zu einer einheitlichen Organisation zusammen zu schliessen bzw. deutschlandweit die Körperschaftsrechte zu erlangen (bis dato hatte die NAK sie nur in Hamburg und Baden). Bei diesem Versuch war schon maßgeblich der Sohn des Stammapostels beteiligt, denn in einem Schreiben von Herrn Müller-Scheld des Reichsministeriums für Propaganda und Volksaufklärung heißt es: „... Sein Sohn, Friedrich Bischoff, Frankfurt a/M., Sophienstraße 75, hat Generalvollmacht seinen Vater in der Angelegenheit des Zusammenschlusses zu vertreten...".[27] Auffällig ist hier, dass eine so wichtige Angelegenheit einem Bezirksevangelisten und nicht einem Vertreter des Apostelkollegiums anvertraut wurde. In einem Satzungsentwurf von 1938 heißt es in Art. 9: „Der Hauptleiter wird von den Bezirksleitern der Neuapostolischen Kirche Deutschlands und deren Vertreter in der Regel auf Lebenszeit bestellt. Er muss Reichsdeutscher sein und in Deutschland wohnen."[28] Interessant ist besonders in Bezug auf die spätere Nachfolgeproblematik, dass auch hier noch eine Wahl bzw. Zustimmung der Bezirksapostel zu einer Stammaposteleinsetzung erforderlich sein sollte, also trotz Führerprinzip doch noch ein kollegialer Ansatz in der Kirchenleitung vorhanden war.

Bereits 1939 unterbreitete Apostel Ernst Güttinger aus der Schweiz dem Stammapostel schriftlich die Nachfolgefrage. Bis dahin hatte er ein unproblematisches, ja herzliches Verhältnis

---

26 *König, Michael: Die Neuapostolische Kirche in der N.S.-Zeit, Feldafing 1993, S. 14*

27 *Zitiert nach König, Michael: Die Neuapostolische Kirche in der N.S.-Zeit, Feldafing 1993, S. 15*

28 *Zitiert nach König, Michael: Die Neuapostolische Kirche in der N.S.-Zeit, Feldafing 1993, S. 13*

zum Stammapostel.[29] Dann hat Apostel Landgraf 1940 oder 1941, also noch während des Krieges, dem Stammapostel die Bestimmung eines Nachfolgers nahegelegt. Bischoff schrieb daraufhin nur an die deutschen Apostel, sie sollten ihm einen Kandidaten nennen. Es kamen drei Kandidaten mit je vier Nennungen (Landgraf, Schall, Kuhlen) dabei heraus.[30]

Ebenfalls 1939 teilte Ernst Güttinger dem Stammapostel mit, dass er künftig die Zeitschriften „Wächterstimme" und „Der Jugendfreund" in der Schweiz drucken lassen wolle. Dies stieß auf Widerspruch des Stammapostels, der gegen eine Dezentralisierung der neuapostolischen Presse war. Außerdem waren ihm sicherlich noch die Umstände des Erscheinens der damaligen Neuapostolischen Rundschau, deren Herausgeber nicht der Stammapostel, sondern Apostel Carl August Brückner war, deutlich vor Augen. Drave schreibt, dass auch Friedrich Bischoff Widerstand und Drohungen geltend machte.[31] Es dürften dafür auch wirtschaftliche Gründe eine maßgebliche Rolle gespielt haben, denn sein Sohn Friedrich Bischoff, der Verlagsinhaber, hätte im Krieg Deviseneinnahmen für seine Druckerzeugnisse aus der neutralen Schweiz und Frankreich verloren.[32] Auf der anderen Seite mussten die Zeitschriften in den nächsten Kriegsjahren sowieso ihr Erscheinen einstellen und wurden

---

29 *Drave, Walter: Die Neuapostolische Kirche von 1938-1955, Entwicklungen und Probleme, November 2007, S.17*

30 *Kuhlen, Peter: Aktenaufzeichnungen über die Gründe meines am 25. November 1950 erfolgten Rücktritts als Stammapostelhelfer und Nachfolger im Stammapostelamt*

31 *Drave, Walter: Die Neuapostolische Kirche von 1938-1955, Entwicklungen und Probleme, November 2007, S. 11*

32 *Drave, Walter: Die Neuapostolische Kirche von 1938-1955, Entwicklungen und Probleme, November 2007, S. 10+12*

erst Ende 1948 (Amtsblatt) bzw. Ende 1949 (Wächterstimme) von den Alliierten wieder zugelassen. Außerdem dürften die Schweizer die inhaltlichen Beiträge, die eine große Nähe zum in Deutschland herrschenden Nationalsozialismus aufwiesen, gestört haben. Allein in der Zeitschrift „Unsere Familie" erschienen 1939-41 mindestens 45 politische Kriegspropagandaartikel wie: „Klar zum Gefecht (1939)", „Front gegen Englands Lügen (1939)", „Die Friedenspolitik Deutschlands (1940)", „Zeitgeschehen im Bild: Bomben auf Malta (1941)", „Untermenschen (1941)".[33] Gegen diese hatte sich wohl auch Peter Kuhlen bereits während des Krieges ausgesprochen. Ihm waren sie zu „naziverseucht" und es war deshalb zu Spannungen mit Friedrich Bischoff gekommen.[34] Ab Januar 1940 – der Einstellung der Zeitschriften in Deutschland – liess Güttinger in der Schweiz drei Zeitschriften weiter drucken und herausgeben, wie „Christi Jugend" und „Brot des Lebens". Diese enthielten fast ausnahmslos Abdrucke von Stammapostelpredigten und andere Beiträge aus dem Hause Bischoff, es wurden dafür aufgrund des Urheberrechts sicherlich Autorenhonorare in Devisen an die Bischoff-Familie gezahlt. Güttingers Argument für den Eigendruck war neben der Sicherstellung des Erscheinens der Publikationen insbesondere die „Bezugskosten der Schweizer Glaubensgeschwister so gering wie möglich zu halten."[35] Hier klingt - wie schon 1932 - an, dass der deutsche Verlag höhere evtl. sogar überhöhte Preise verlangte. Friedrich Bischoff kündigte der eigenen „Schwesterkirche" in der Schweiz unmittelbar nach dem Krieg rechtliche Schritte wegen des Drucks an.[36] Von Seiten des Stammapostels oder seines Sohnes liegen dann allerdings keine Quellen über tatsächliche Schritte vor, offensichtlich gab es keine Konsequenzen oder Sanktionen, evtl. weil die Autorengelder trotzdem flossen. Laut Drave „konnte (Güttinger) sich in

33 *König, Michael: Die Neuapostolische Kirche in der N.S.-Zeit, Feldafing 1993, S. 23-24*

34 *Tjaden, Heinz-Peter: Kauft nicht bei Neuapostolischen, S. 24*

35 *Drave, Walter: Die Neuapostolische Kirche von 1938-1955, Entwicklungen und Probleme, November 2007, S. 12*

36 *Keller, Manfred: Zeitzeugenaussage bei der Besprechung dieses Aufsatzes*

seinem Kurs jedenfalls von Teilen des Apostelkollegiums bestätigt fühlen."[37] Drave unterstellt auch, dass Ernst Güttinger seinem arbeitslosen Sohn Otto, einem gelernten Schriftsetzer, mit einem neugegründeten Verlag Arbeit verschaffen wollte. Dem widersprechen jedoch die weiteren Entwicklungen, denn die Güttingers haben weder einen eigenen Verlag aufgebaut oder unterhalten, sondern die Publikationen im Namen der „Neuapostolischen Gemeinde Schweiz" herausgegeben. Die Produktionen wurden bis ca. 1952 als Druckaufträge an einen unabhängigen Verlag gegeben. Außerdem waren wohl auch zu dieser Zeit die Apostel bereits bei der Neuapostolischen Kirche angestellt und bezogen Gehalt. Auch unter dem neuen Bezirksapostel Eschmann gab die Kirche ab 1951 in der Schweiz als „Neuapostolische Gemeinde Schweiz" weiter Schriften heraus. Auch die Behauptung Draves, Güttinger hätte durch eigene Schriftpublikationen die Aktivitäten des Bischoff-Verlages gefährdet[38] scheint konstruiert, denn diese kamen 1941 sowieso zum Erliegen. Wir sehen, dass das Verlagsthema bereits im Krieg eine Rolle im Apostelkreis spielte bzw. für Spannungen sorgte.

Nachfolgefrage nach dem Krieg

Am Ende des Krieges gab es in der NAK 20 Apostel von denen 14 aus Europa und davon neun aus Deutschland kamen, sechs Apostel kamen aus Südafrika, Südamerika und den USA. Alle Apostel waren langjährige Wegbegleiter des Stammapostels, unter denen Peter Kuhlen der dienstjüngste war.[39] 1944 hatte er neben dem Apostelbezirk Rheinland auch noch den Apostelbezirk Westfalen nach dem plötzlichen Tod von Hermann Schüring übernommen. Er muss beim Stammapostel in großem Ansehen gestanden haben, dass dieser ihm zwei

37 *Drave, Walter: Die Neuapostolische Kirche von 1938-1955, Entwicklungen und Probleme, November 2007, S. 11*

38 *Drave, Walter: Die Neuapostolische Kirche von 1938-1955, Entwicklungen und Probleme, November 2007, S. 12*

39 *Drave, Walter: Die Neuapostolische Kirche von 1938-1955, Entwicklungen und Probleme, November 2007, S. 16*

besonders mitgliederstarke Apostelbezirke anvertraute. Kuhlen förderte insbesondere Walter Schmidt, der auf seinen Rat hin am 29. September 1946 zum Apostel ordiniert wurde und der dann am 19. September 1948, nach der Stammapostelwahl Kuhlens, den Apostelbezirk Westfalen als Bezirksapostel übernahm.

Im Sommer und Herbst 1947 erörterten die europäischen Apostel aufgrund des fortgeschrittenen Alters des Stammapostels die Nachfolgefrage erneut zunächst intern bzw. suchten eine Abstimmung untereinander um – im Gegensatz zu 1939 – zu einer einstimmigen Lösung zu kommen. Dies hatte durchaus eine Parallele zur Nachfolgebestimmung von Stamm-apostel Niehaus in den 1920er Jahren. Apostel Karl Weinmann aus Hamburg, schrieb im Mai 1952 einen Artikel „Wie Kuhlen Stammapostelhelfer wurde."[40] Dieser ist erst nach der Kirchenspaltung und im Auftrag des Stammapostels geschrieben worden. Besonders interessant sind die vom Stammapostel persönlich gemachten Streichungen im ursprünglichen Weinmanntext. Danach war insbesondere Apostel Lembke aus Hamburg die treibende Kraft für die Nachfolgesuche und die Einigung auf Peter Kuhlen. Dies wird von Apostel Schmidt bestätigt.[41] Weinmann selbst, gerade erst Apostel geworden, hatte bis dahin wohl ein sehr naives Bild der Machtstrukturen in der Kirchenleitung. Im Oktober 1947 beschloss man, ein von allen Aposteln unterschriebenes Schreiben bezüglich der Nachfolge an den Stammapostel zu richten. Das Schreiben vom November 1947 wurde dann von den 14 Aposteln Buchner, Hartmann, Knigge, Kuhlen, Landgraf, Lembke, Ernst Güttinger, Otto Güttinger, Oberländer, Rockstroh, Schall, Schmidt, Weinmann und Ludwig unterschrieben, die Endfassung hatte Apostel Kuhlen erstellt. Es fehlten der niederländische Apostel Paasmann und der Schweizer Schneider. Ein zweiter Brief mit dem Namensvorschlag Kuhlens wurde von allen 15 Aposteln

---

[40] *Weinmann, Karl: Wie Kuhlen Stammapostelhelfer wurde, Hamburg 5. Mai 1952*

[41] *Schmidt, Walter: rückblickender Bericht „Wie Kuhlen Stammapostelhelfer wurde" und Brief an den Stammapostel, 8. September 1952, o.O., S. 2*

(außer Kuhlen selbst) unterschrieben. Es herrschte also nach außen komplette Einstimmigkeit und Einheit im Apostelkreis!

Apostel Schall übernahm es, wegen der Überempfindlichkeit und Kenntnis der Mentalität des Stammapostels, diesen im Einzelgespräch über die Meinungsbildung des Apostelkollegiums zu informieren. Bei dieser Unterredung muss Bischoff sehr ungehalten und erregt gewesen sein und anschliessend schrieb er einen erzürnten Brief an die anderen Apostel. Zu diesem Brief sagte Apostel Schmidt in einem Treffen mit den Aposteln Lembke, Knigge, Kuhlen und Weinmann: „Dieses Schreiben des Stammapostels ist direkt satanisch, es darf niemals in die Öffentlichkeit kommen, sonst ist der Stammapostel bei allen erledigt.“[42] „In einer sogenannten ‚Versöhnungsaktion‘ mussten [deshalb] alle Apostel anlässlich einer Apostelversammlung die erhaltenen Originalbriefe mitbringen, damit sie in einem Metalleimer unter Zeugen verbrannt werden konnten“[43]. Man kam in mehreren Gesprächen überein, einzeln dem Stammapostel zu antworten. Apostel Schmidt und Kuhlen sind getrennt persönlich zur Unterredung nach Frankfurt gefahren. Schmidt schrieb dazu rückblickend am 8. September 1952: „Meine Bemühungen gingen dahin, den Stammapostel aus meiner damaligen Sehensweise heraus zu überzeugen, dass die Apostel das Beste gewollt hätten und irgend welcher Argwohn oder Misstrauen gegen ihn

42 *Kuhlen, Peter: Aktenaufzeichnungen über die Gründe meines am 25. November 1950 erfolgten Rücktritts als Stammapostelhelfer und Nachfolger im Stammapostelamt, S. 4*

43 *Keller, Manfred in: Kirche und Wahrheit, o.O., 2008, S. 26*

nicht vorläge."[44] Danach schienen die Wogen geglättet und es wurde eine erste reguläre Apostelversammlung nach dem Krieg für den 21. Mai 1948 nach Frankfurt einberufen.

Apostel Drave behauptet in seiner Zusammenschau, dass Apostel Kuhlen der „Drahtzieher" der Nachfolgefrage gewesen sei. Dies ist nach den obigen Ausführungen nicht korrekt. Außerdem behauptet er, dass die Nachfolgefrage konspirativ geführt worden wäre. Aufgrund der Mentalität des Stammapostels wäre eine andere – zur Einstimmigkeit führende – Vorgehensweise gar nicht möglich gewesen. Drave behauptet auch, dass sich der Stammapostel zur Einsetzung Kuhlens gezwungen sah. Dem widersprechen jedoch die eigenen vorgelegten Quellen: „Nun war gestern Apostel Schmidt hier. [...] und dann hat er mir in ruhiger Weise die Stellung der Apostel geschildert, was natürlich ein anderes Bild (als das konspirative! Anm. d. Verf.) ergab, wie mir dies bisher nur in Bruchstücken zur Kenntnis gekommen war. Ich werde nun am 17. April [1948] nach Düsseldorf fahren und dort mit den Aposteln Lembke, Kuhlen, Knigge, Weinmann und Schmidt nochmals die ganze Sache besprechen."[45] Es scheint zu einer Beruhigung und/ oder Sinneswandlung bei Bischoff gekommen zu sein, denn er schreibt im gleichen Brief oder einem zweiten am gleichen Tag an den Schweizer Apostel Schneider sen.: „Die letzten fünf Monate waren die schwerste Zeit meines apostolischen Lebens. Der Herr wird weiterhelfen; denn er wird sein Werk vollenden zu seiner Ehre und zu unserem Heil."[46] Diese Besprechung in Düsseldorf hatte dann die Einladung zur Apostelversammlung mit der durch Bischoff selbst angesetzten Wahl zur Folge!

---

44 *Schmidt, Walter: rückblickender Bericht „Wie Kuhlen Stammapostelhelfer wurde" und Brief an den Stammapostel, 8. September 1952, o.O., S. 3*

45 *Drave, Walter: Die Neuapostolische Kirche von 1938-1955, Entwicklungen und Probleme, November 2007, Fußnote auf S. 21 (Brief an Ap. Schneider sen.)*

46 *Drave, Walter: Die Neuapostolische Kirche von 1938-1955, Entwicklungen und Probleme, November 2007, Fußnote auf S. 23 (Brief an Ap. Schneider sen.)*

Apostel Ernst Güttinger stellte am 3. März 1948 noch den Antrag ein Rotationsprinzip bzw. eine begrenzte 2-3 jährige Amtszeit für den Stammapostel und eine Altersbegrenzung für das Apostelamt generell einzuführen. Dieser Antrag wurde vom Stammapostel am 4. Mai 1948 an die Apostel geschickt. Beim Rotationsprinzip scheinen die Positionen Güttingers allerdings keine Mehrheit im Apostelkreis gefunden zuhaben, denn sie standen letztlich nicht im Protokoll der Apostelversammlung und sind auch nie wieder auf einer Tagesordnung erschienen.[47] Allerdings kam es auf ausdrücklichen Wunsch bzw. Anordnung des Stammapostels zur Nachfolgerwahl. Mehrere Apostel inklusive Kuhlen hatten Bischoff noch eindringlich gebeten, selbst einen Nachfolger vorzuschlagen – wie es nach der Satzung des Kollegiums von 1922 und der Tradition vorgesehen war, dieser bestand jedoch auf einer geheimen Wahl mit Stimmzetteln durch die Apostel. Bei dieser entfielen dann im 1. Wahlgang neun Stimmen auf Peter Kuhlen, drei Stimmen auf Georg Schall und zwei Stimmen auf Arthur Landgraf. Schall und Landgraf erklärten ihren Verzicht und in einem 2. Wahlgang wurde dann Bezirksapostel Peter Kuhlen einstimmig als Nachfolger für J.G. Bischoff gewählt. Den überseeischen Aposteln wurde von der stattgefundenen Wahl Kenntnis gegeben und alle gaben ihre schriftliche Zustimmung zur Einsetzung.[48] Zu dieser Zeit gab es 24 Apostel in der NAK, die alle in dieser Frage einstimmig waren. Auch gibt es aus dieser Zeit keine schriftlichen Zeugnisse, dass der Stammapostel selbst gegen das Wahlergebnis zu diesem Zeitpunkt Einwände hatte.

47 *Drave, Walter: Die Neuapostolische Kirche von 1938-1955, Entwicklungen und Probleme, November 2007, S. 17*

48 *Kuhlen, Peter: Aktenaufzeichnungen über die Gründe meines am 25. November 1950 erfolgten Rücktritts als Stammapostelhelfer und Nachfolger im Stammapostelamt, S. 5*

Am 1. August 1948 wurde Peter Kuhlen in der Bielefelder Oetkerhalle in einem festlichen Gottesdienst ausdrücklich im Namen des dreieinigen Gottes und im Auftrages des Apostelkollegiums zum Stammapostel ordiniert.

Die Einsetzungsworte lauteten:

> „Im Namen und Auftrag des Apostelkollegiums nimm hin das Stammapostelamt, dazu den Amtsgeist in dem Namen Gottes des Vaters, des Sohnes und des Heiligen Geistes Dieser Geist mach in dir das Amt lebendig; er sei in dir die treibende und führende Kraft, um Vorgänger und Vorbild sein zu können. Trage die Schwachen in Geduld und Langmut, richte das Niedergebeugte auf, und stärke das, was schwach und hinfällig wird. Der Geist des Herrn, der dir zu diesem Amte gegeben ist, bewahre dich auf dem Wege, auf den der Herr dich gestellt hat, und der Engel des Herrn sei dein Schutz und Schirm und bewahre dich vor dem Verderben, das da überall in Erscheinung treten wird. Dazu nimm hin den Segen, Gottes des Vaters, des Sohnes und des Heiligen Geistes. Der Friede von Christo Jesu sei mit dir! Amen."

Das war insofern bemerkenswert, als er bereits explizit zum neuen Stammapostel ernannt wurde, lediglich für die Zeit bis zur Amtsübernahme nach Bischoffs Tod oder Amtsunfähigkeit noch als Stammapostelhelfer fungierte. Die Ordination mit den Worten „im Auftrag des Apostelkollegiums" ist bemerkenswert, kann jedoch aufgrund des besonderen Amtes und der erst einmal vorher, bei Bischoffs eigener Ordination, geschehenen Einsetzung nicht als Beleg dafür gesehen werden, dass der Stammapostel ausdrücken wollte, es geschehe gegen seinen Willen, wie er später behauptete.

Bei der Einsetzung Bischoffs als Stammapostelnachfolger sprach Niehaus:

> „Nimm hin das Stammapostelamt und dazu die Amtsmacht und den Amtsgeist von Jesu, dem Lebendigen und Auferstandenen, damit du das Werk weiterführen kannst! Sei ein Vorgänger der Brüder, trage sie in Liebe und Geduld! Sei und bleibe die Krone des Gottesvolkes! Der Herr sei deine Hilfe und Huld! Er wird dir die Engel geben, die dich umlagern, damit du vor den feurigen Pfeilen und listigen Anläufen des Fürsten der Finsternis bewahrt bleibst. Der Herr segne und behüte dich, er lasse sein Angesicht dir leuchten und bewahre dich zu dem herrlichen Tage der Erscheinung Christi! Amen.“[49]

Vergleicht man die beiden Einsetzungsworte so fällt sofort auf, dass Bischoff selbst nicht im Namen des dreieinigen Gottes eingesetzt wurde. Genau dies geschah jedoch bei der Ordination Kuhlens, obwohl dies später von neuapostolischer Seite bestritten wurde um daraus eine fehlende göttliche Legitimation zu konstruieren.

Bei der Einsetzung Kuhlens sagte Bischoff: „Der Sohn Gottes hat die Verheißung gegeben, dass er wiederkommt, um die Seinen zu sich zu nehmen. Tag und Stunde sind nicht bekannt, auch nicht im Engelreich. [...] So will ich heute die Handlung vollziehen und ihm Amt und Auftrag übergeben, so dass dann die Sorge um die zukünftige Führung des Werkes von den Aposteln genommen ist.“[50] Er selbst vollzieht also die Handlung. Hätte er dabei unter Zwang gestanden, hätte er andere Worte gebrauchen können.

Gemäß dem Protokoll der Apostelversammlung am gleichen Tag mit 13 anwesenden deutschen und Schweizer Aposteln, wird die Ordination nochmals ausdrücklich bestätigt. Außerdem wurde laut diesem Protokoll der Apostel Ernst Güttinger explizit beauftragt, Apostel Kamphuis als Apostel für die

---

49 Neuapostolische Gemeinde: Der Größte unter ihnen, Frankfurt 1928, S. 133

50 o.V.: Gottesdienstprotokoll des Einsetzungsgottesdienstes vom 1. August 1948 in Bielefeld

Niederlande einzusetzen. Dieser sollte – wohl wegen des noch sehr angespannten Verhältnisses der Niederlande zu Deutschland - dem Bezirksapostel der Schweiz unterstehen und auf dessen Anweisungen handeln. Unter Punkt 4 wurde über die Wiederzulassung von Weissagungen in den Gottesdiensten, wie bis zur Nazi-Diktatur üblich, beraten, dies aber als verfrüht zurückgestellt. Damit stellten sich die deutschen Apostel ausdrücklich den charismatischen Elementen, die einige Jahre später die „Botschaft“ in Gottesdienstaussagen stützten, entgegen. Außerdem wurde unter Punkt 9 der Tagesordnung ein Entwurf für eine neue Satzung des Apostelkollegiums von Apostel Kuhlen mit einem Gegenentwurf von Apostel E. Güttinger abgehandelt, die die Apostel beide prüfen und dem Stammapostelhelfer Kuhlen dann ihre Stellungnahmen schriftlich mitteilen sollten.[51]

Die Ordination Kuhlens als Stammapostel wird in einem Rundschreiben vom 4. August 1948 von J.G. Bischoff persönlich als „hochwichtiger Vorgang“ bezeichnet und soll den Gemeinden an zwei aufeinanderfolgenden Sonntagen vorgelesen werden. Zu diesem Zeitpunkt gab es noch keine anderen Publikationen, in der über die Wahl und Ordination hätte berichtet werden können. Der Stammapostel schreibt wörtlich: „Nach der Abendmahlsfeier habe ich den seitherigen Bezirksapostel Peter Kuhlen zu meinem Nachfolger eingesetzt. Solange ich dienstfähig bin, wird Apostel Kuhlen als mein Helfer dienen. Sobald ich dienstunfähig oder vom Herrn abberufen werde, tritt er als Stammapostel an meinen Platz. Ich erwähne noch ausdrücklich, dass die Aussonderung des Apostels Kuhlen zu meinem Nachfolger an dem Kommen des Herrn nicht das geringste ändert; denn die Stunde seines Kommens ist, wie Jesus selbst sagte, vom Vater bestimmt.[52] Dann geht er noch ausführlich auf die Nachfolgebestimmung seiner Person durch Stammapostel Niehaus ein und erwähnt, dass es sich bei der Einsetzung Kuhlens um den gleichen Akt gehandelt habe.

---

51 Neuapostolische Kirche: Protokoll der Apostelversammlung am 2. August 1948 in Quelle, Punkte 1 und 2

52 Neuapostolische Kirche: Rundschreiben des Stammapostels vom 4. August 1948 zur Verlesung in den Gemeinden

Diese Aussagen stehen in deutlichem Widerspruch zu den späteren Äußerungen, er wäre von den Apostel quasi gezwungen worden, Kuhlen einzusetzen und es hätte weder seinem, noch göttlichem Willen entsprochen. Allein die Tatsache, dass die Ordination durchgeführt worden war und wie sie den Gemeinden verkündet wurde, war für die Mitglieder und deren neuapostolische Gedankenwelt ein Akt „göttlichen Geschehens".

In späteren Jahren wurde außerdem behauptet, und Drave schliesst sich in seiner Ausarbeitung heute noch dieser Beweisführung an, dass ein „demokratisch gewählter" Nachfolger keine „göttliche Legitimation" besäße. Nach § 6 der Apostelstatuten von 1922 konnte der Stammapostel seinen Nachfolger nicht ohne Zustimmung (=Wahl) der Apostel einsetzen. Niehaus hat es genauso auch bei der Einsetzung Bischoffs gehalten. Außerdem ist laut dem eigenhändig unterschriebenen Lebenslauf von J.G. Bischoff vom 2. August 1933 auch er selbst von den Aposteln gewählt worden: „Am 21. September 1930 wurde der damalige Hauptleiter infolge eines Unfalls in den Ruhestand gesetzt. Das Apostelkollegium hat mich nach § 6 der Satzung des Apostelkollegiums einstimmig auf Lebenszeit zum Hauptleiter der Neuapostolischen Kirche gewählt."[53] Nach anderen Quellen soll es dabei sogar zwei Gegenstimmen, also keine Einstimmigkeit wie bei Kuhlen, gegeben haben. Die Anzweifelung der rechtmäßigen Nachfolge Kuhlens und deren spätere Diskreditierung mit dem Argument der „demokratischen, also ungöttlichen Wahl" wäre also auf J.G. Bischoff selbst anzuwenden.

Eine neue Satzung und neue Apostel

Die beiden Satzungsentwürfe von Güttinger und Kuhlen mit Kommentaren der Apostel kamen erneut auf die Tagesordnung der Apostelversammlung am 1. Januar 1950. Stammapostelhelfer Kuhlen hatte den Auftrag gehabt, diese zu aktualisieren, jedoch trug sie offenbar nicht seine Handschrift, sondern

---

53 Facsimile-Abdruck des Lebenslaufes bei König, Michael: Die Neuapostolische Kirche in der N.S.-Zeit, Feldafing 1993, S. 5

stellte einen Kompromiss der Vorstellungen der Apostel dar.[54] Sie wurde daher nun einstimmig von allen Aposteln und dem Stammapostel beschlossen[55] und enthielt grundlegende Reformen: so wurde die Amtszeit des Stammapostels begrenzt und die Macht des kollektiven Apostelkollegiums gegenüber dem Stammapostelamt gestärkt. Die von der Familie Bischoff dominierte kirchliche Presse versuchte noch im Jahr 1949 – also vor Inkrafttreten dieser Statuten - mit stammapostelstärkenden Artikeln Stimmung gegen diese Änderungen zu machen, es gelang ihr aber nicht.[56] In Anlehnung an das Bibelwort aus Math 12, 50 verlautete z.B. im Amtsblatt von 1949 auf Seite 133 „Das sind meine Freunde, die den Willen des Stammapostels tun" oder auf Seite 118 „nur der Stammapostel ist gesandt." Gleich in der ersten Ausgabe nach der Wiederzulassung der Wächterstimme vom 1. Oktober 1949 steht im Artikel „Der Schlüssel des Himmelreiches": „Wenn die Apostel des Herrn im Auftrage ihres Senders (das ist und bleibt der durch göttliche Zeugnisse erwählte Stammapostel) auch aus Menschenkindern Gotteskinder machen können...." spricht dem Stammapostel eine Macht und Autorität zu, die er bisher nicht innehatte.[57] Es ist nicht bekannt und nirgends erwähnt, dass Stammapostel Bischoff, der der Satzung ausdrücklich auch zustimmte, im Vorfeld Einwände oder Bedenken hatte. 1949 war die Mitgliederzahl der Kirche weltweit auf 352.335 gestiegen.[58]

---

54 *Drave, Walter: Die Neuapostolische Kirche von 1938-1955, Entwicklungen und Probleme, November 2007, S. 29*

55 *Drave, Walter: Die Neuapostolische Kirche von 1938-1955, Entwicklungen und Probleme, November 2007, S. 24*

56 *Drave, Walter: Die Neuapostolische Kirche von 1938-1955, Entwicklungen und Probleme, November 2007, S. 25*

57 *Apostelkollegium der Neuapostolischen Kirche: Die Ämter und Sakramente der NAK, Frankfurt 1935, S. 14ff und 37ff (S. 38: „Der besondere Auftrag des Herrn Jesu an die von ihm eingesetzten Apostel bestand darin,...")*

58 *Böcher, Klaus: Die Neuapostolische Kirche als christliche Glaubensgemeinschaft, wissenschaftliche Arbeit, 28.05.1976, Gesamthochschule Siegen*

Dem Stammapostelhelfer wurde allseits organisatorisches Talent bescheinigt, wenn dieses auch teilweise mit der auf Eigenständigkeit ausgerichteten Vorgehensweise anderer Bezirksapostel kollidierte.[59] Vor seinem Eintritt in die Dienste der Kirche 1935 arbeitete er als Wirtschafts- bzw. Buchprüfer. Es ist anzunehmen, dass er als Bezirksapostel für zunächst zwei große und wichtige Bezirke und insbesondere als Helfer des Stammapostels auch Einblick in die Finanzen der Kirche erhalten hat. Grundsätzlich war es so, dass die Bezirke (heute würde man Gebietskirchen sagen) rechtlich selbständig und somit auch finanziell selbständig, da jeweils eigenständige Körperschaften des öffentlichen Rechts oder Vereine, waren. Hatten zur Kriegszeit und bis 1948 keine oder nur sehr wenige Apostelversammlungen stattgefunden, scheint es nach der Wahl des Stammapostelhelfers im Quartals- bzw. Halbjahresrhythmus Versammlungen gegeben zu haben.

Im Februar 1950 erhielt der Stammapostelhelfer den Auftrag der Apostelversammlung die Glaubensartikel einer Prüfung zu unterziehen, die präsentierten Änderungen wurden am 3. Juli 1950 noch zurückgestellt und dann wurde die Aufgabe vom Stammapostel seinem Sohn, zu diesem Zeitpunkt noch Bezirksältester, übertragen. Das muss ein Affront für alle Apostel, insbesondere aber den Helfer Kuhlen, gewesen sein, dass über die wichtigsten Lehrfragen, und dazu zählen die Glaubensartikel wohl sicherlich, nicht das Apostelkollegium, sondern ein deutlich rangniedrigerer Ältester entscheiden sollte. Das Gleiche passierte dann nochmals bei der Überarbeitung des Lehrbuches „Fragen & Antworten". Die von Friedrich Bischoff vorgelegten und 1951 dann verabschiedeten Versionen sowohl der Glaubensartikel wie auch des Lehrbuchs waren eine deutlich gegenüber den Versionen von 1908, 1912 und 1938 verschärfte und exklusivere Aussage. So wurde zum Beispiel erstmals der Auftrag der Apostel in Artikel 4 erweitert, dass die Apostel den Auftrag hätten, im Namen Jesu die Sünden zu vergeben. Diese Vorstellung existierte sicherlich in vielen Köpfen, war aber seit der Zeit der englischen Apostel nie

59 *Drave, Walter: Die Neuapostolische Kirche von 1938-1955, Entwicklungen und Probleme, November 2007, S. 29*

schriftlich fixiert worden. In einer zugespitzten Art und Weise wurden die Glieder der Kirche damit vom Amt des Apostels abhängig gemacht, da es ohne dieses Amt keine Sündenvergebung mehr gab. Ebenso wurde der Versiegelungsauftrag erstmals in den 4. Glaubensartikel aufgenommen. Auch die Artikel 6, 8 und 9 erfuhren eine wesentliche Verschärfung. In Artikel 6 war die Wassertaufe allein noch das „Bad der Wiedergeburt" sie wurde dann in der Neufassung zur „Anwartschaft auf die Empfangnahme des Heiligen Geistes" herabgestuft. Artikel 8 erweckt die Versiegelung in der alten Fassung die Gaben des Heiligen Geistes, in der neuen Fassung wird die Versiegelung zur Einfügung in den Leib Christi. Auch im eschatologischen Artikel 9 genossen künftig die Neuapostolischen gegenüber dem bisherigen Glauben eine exklusivere Stellung bei der Wiederkunft Christi.[60]

Es scheint, dass das neue Modell der Kirchenleitung, insbesondere vom Sohn des Stammapostels, nicht gutgeheißen worden ist, denn aus dessen Verlag kamen im Vorfeld und auch im Jahr 1950 immer wieder „Querschüsse". J.G. Bischoff sagte in einem Gottesdienst Anfang der 1950er Jahre im Apollo-Theater in Düsseldorf: „Ich bin doch der Weinstock und die Apostel sind die Reben".[61] Auch in der Presse wurde mehrfach erwähnt, dass der Stammapostel das Haupt wäre und die Apostel die Reben, was eine Verdrehung der biblischen Aussagen Jesu darstellte, der sich selbst als den Weinstock bezeichnete und die Apostel inklusive des „Felsenapostels" Petrus als die Reben. Nur die Einigkeit und das Einssein mit dem Stammapostel mache „echte Apostel" aus etc. Exemplarisch seien hier zwei Aussagen wiedergegeben: „Wir kennen den ältesten Knecht der christlichen Kirche, das gottgewollte Stammapostelamt" (S. 6) und „Einssein, wenn der Wille des Stammapostels alle durchdringt" (S. 138).[62] Erstmals nach der Nachfolgerordination tauchten auch Aussagen auf, die die

60 *Wissen, Volker: Theologische Entwicklungen in der VAG von 1956 bis heute, Remscheid 2007, S. 30 und Anhang S. 62+64*

61 *Petzold, Reinhard, Zeitzeugenaussage bei der Besprechung dieses Aufsatzes*

62 *z.B. Wächterstimme 1950, S. 6, 29, 77, 82, 84, 100 und 138*

Wahl im nachhinein als menschlich und ungöttlich brandmarkten und sogar eine Loslösung vom Stammapostel zum Thema hatten.[63] Apostel Kuhlen schrieb dazu in seinen Aufzeichnungen: „Es wurde dem Volke Gottes nicht mehr wie früher gepredigt, sie möchten ihrem Apostel vertrauen, sondern sie sollten auf ihren Apostel achthaben, ob er auch ja in allen Dingen glaubte, liebte, hoffte und lehrte wie der Stammapostel."[64] „Wie es nur möglich war, dass mit der Untreue eines Apostels oder eines Bezirks- oder Gemeindevorstehers so viele Seelen ins Verderben gerissen wurden? Die einfache Antwort: weil sie nicht aufgepasst haben und wachend waren! ... Sobald sie sehen dass der Apostel, Bezirks- oder Gemeindevorsteher nicht mehr lehren, glauben, lieben und hoffen wie der Stamm-apostel, dann befinden sie sich schon auf dem Irrwege."[65] Nach dem Beschluss der neuen, für den Stammapostel und seinen Sohn, unbequemen Satzung wurden deshalb von ihnen zahlreiche neue Apostel ordiniert. Zunächst fünf Apostel im Jahr 1950, darunter Gottfried Rockenfelder und Friedrich Hahn, die zum Freundeskreis von Friedrich Bischoff gezählt werden dürfen und Herbert Tiedt im Juni 1951.

---

63 Wächterstimme 1950, S. 77 „Der Stammapostel verdankt sein Amt nicht der Menschen Gunst und Wohl" und Seite 82 eine Warnung „Dem Loslösen von der Apostelеinheit"

64 Kuhlen, Peter: Aktenaufzeichnungen über die Gründe meines am 25. November 1950 erfolgten Rücktritts als Stammapostelhelfer und Nachfolger im Stammapostelamt, S. 7 und Wächterstimme 1950, S. 84

65 Amtsblatt vom 15. Juli 1949, S. 106

Friedrich Bischoff

Friedrich Bischoff wurde am 31. März 1909 als erstes Kind von Johann Gottfried Bischoff und seiner Frau Margarete geboren. Er erlernte das Buchdruckerhandwerk und übernahm mit 19 Jahren, 1928, von Stammapostel Niehaus die neuapostolische Hausdruckerei.

Bereits am 1. Mai 1933 trat er in die NSDAP ein. Außerdem bewarb er sich um eine SA-Mitgliedschaft.[66] Das Bischoff zu einem so frühen Zeitpunkt – kurz nach der Machtergreifung – eintrat, kann als Beleg für seine Einstellung zum Nationalsozialismus gewertet werden. Er bekleidete zu dieser Zeit noch kein höheres Amt, das eine Mitgliedschaft gerechtfertigt hätte und auch Repressalien als Verlagsinhaber dürften zu dieser Zeit noch nicht relevant gewesen sein.

Als Peter Kuhlen 1935 ins Apostelamt ordiniert wurde, sagte ihm Apostel Rockstroh, dass „die Apostelversammlung einem Marionetten-Theater gleiche, wo einer die Köpfe der anderen an der Strippe halte. ... Es war im Apostelkreis kaum noch Mut, irgendwie zu Themen Stellung zu nehmen, vor allen Dingen dann nicht, wenn man fühlte, der Stammapostel dachte zu einer Sache anders als die anderen Apostel."[67]

Im Sommer 1949 wurde Friedrich Bischoff, bis dahin im Amt eines Ältesten im Raum Frankfurt, zum Bischof ordiniert. Dies scheint auf eine Empfehlung des südafrikanischen Stammapostelhelfers Schlapphoff hin geschehen zu sein. Der Privatsekretär des Stammapostels, Ältester Peter Weine, wendete sich an den Stammapostelhelfer Kuhlen: „Jedoch weiss ich

---

66 König, Michael und Marschall, Jürgen: Apostel in der NSDAP, Feldafing 1993, S. 3

67 Kuhlen, Peter: Aufzeichnungen „Diverses hinsichtlich Einfluss Fritz Bischoff in der Leitung", o.O., o.J.

nicht, wie ich mit meinem Glauben das fertig bringen solle, wenn Fritz zum Bischof gesetzt würde.“[68] Er führte zur Unterstreichung noch eine Aussage des Apostels Buchner an: „Er sagte dann von sich aus, dass er der selben Meinung sei, auch in seinem engeren Bereich Gießen wisse man doch von all den Vorgängen usw.“ Welche Vorgänge das genau waren, bleibt im Unklaren, es dürfte sich dabei jedoch um den Fall Jakob Bitsch handeln, der mit etlichen Anhängern die Gemeinde verlies und die eigene Gemeinschaft „Christen unserer Zeit“ gründete.

Einen weiterer Brief Weines an Kuhlen gibt auch einen Eindruck. Weine sollte den Bezirk des Ältesten Glück (Frankfurt-Südwest) zum Ende des Jahres übernehmen. Er berichtet von einem anonymen Brief (den er durch Schrifttypenvergleich dem Bezirksevangelisten Müller aus Langen zuordnen konnte), wo gegen den Ältesten Glück Klage erhoben wurde und die Unterstellung des Bezirks unter Bischof Rockenfelder aus Wiesbaden gewünscht wurde. Die aktuellen Verhältnisse im Bezirk wären „pastoral“. Es wurde gefordert: „In einer Zeit, wo wir mit Riesenschritten dem Tag des Herrn entgegen gehen sollte es anders sein. Straffe Führung, Männer mit großer Erkenntnis und himmlischer Weisheit müssen vorhanden sein.

68 Weine, Peter: Brief an Peter Kuhlen vom 15.07.1949

Männer, die eins seien mit dem Apostel und Stammapostel.[69] Pastoraler Hirtendienst schien also weniger gewünscht gewesen zu sein, als straffe Führung und Kadergehorsam.

Im Dezember 1949 gab es dann einen Konflikt über unbestellte Gesangbücher für Ostdeutschland, die ohne vorherige Absprache von den Aposteln Kuhlen, Schall und Schmidt bezahlt werden sollten. Friedrich Bischoff versuchte hier einfach über die Geldmittel von Apostelbezirken zu verfügen, in dem er vorgab die ostdeutschen Apostel wollten, wegen großer Not, Gesangbücher gespendet haben. Die Anfrage kam jedoch gar nicht von den ostdeutschen Aposteln, sondern es wurde diesen, auf Initiative des Verlagsinhabers, eine Spende über DM 30.000 zugesagt. Die drei westlichen Bezirke sollten dies bezahlen. Durch Einspruch des Stammapostelhelfers kam es dazu, dass Friedrich Bischoff nur DM 25.900 erhielt, da die Anteile der Apostel Schmidt und Schall nicht mehr gekürzt werden konnten, da diese bereits gezahlt hatten.[70] Das Vorgehen dürfte für das Verhältnis von Kuhlen und Friedrich Bischoff nicht zuträglich gewesen sein.

Apostel Schmidt, der um das schwierige Verhältnis zwischen Bischoff und Kuhlen wusste, forderte den Stammapostelhelfer auf, es mit Diplomatie zu versuchen, um Friedrich Bischoff zum Freund zu gewinnen. Apostel Kuhlen entgegnete nach eigenen Aussagen: „Diplomatie ist Lüge, und ich lehne es ab,

---

69 Weine, Peter: Brief an Apostel Kuhlen vom 7.10.1950

70 Kuhlen, Peter: Aufzeichnungen „Diverses hinsichtlich Einfluss Fritz Bischoff in der Leitung", o.O., o.J.

mit Fritz Freundschaft zu machen, um dadurch Ansehen zu gelangen, denn ich will aufrichtig bleiben."[71]

Eine weitere Unregelmäßigkeit ergab sich im Mai 1950, als Apostel Schmidt dem Stammapostelhelfer in Duisburg berichtete, dass er am Vormittag in Düsseldorf zu Friedrich Bischoff gesagt habe, dieser solle dem Privatsekretär Weine ein Darlehn über DM 30.000 des Bezirks Westfalen für den schnelleren Wiederaufbau der Frankfurter Kirche auf der Sophienstraße anbieten. Fritz Bischoff habe dann mittags darum gebeten, dieses Darlehn lieber ihm, für den Verlag, als für den Kirchenaufbau zu gewähren. Es kam dann so, dass Apostel Schmidt DM 60.000 an den Bezirk Frankfurt auslieh, wovon die Hälfte für den Kirchenaufbau verwendet wurde während die andere Hälfte an den Verlag weiter verliehen wurde.[72]

Apostel Schall sagte 1950 zu Apostel Kuhlen: „Wenn einer es mit Fritz verdirbt, der fällt in Ungnade". Und Apostel Weinmann sagte ebenfalls 1950: „Wer es mit Fritz verdirbt, der verdirbt es mit dem Chef."[73]

Zum 1. Januar 1950 traten dann neue Statuten des Apostelkollegiums in Kraft, die eine kollektive Kirchenleitung vorsahen.

Am 30. Juli 1950 wurde ein Schriften-Lieferungsvertrag zwischen J. G. Bischoff und seinem Sohn geschlossen. Dieser beinhaltete die Übertragung aller Rechte auf den Verlag:

> „Für sämtliche unter a-i angeführten Veröffentlichungen hat sonach der Verleger Friedrich Bischoff die Verlagsrechte im Rahmen dieses Vertrages inne. Aller unter a-i aufgeführten Veröffentlichungen, die der Verleger Frie-

---

71 Kuhlen, Peter: Aufzeichnungen „Diverses hinsichtlich Einfluss Fritz Bischoff in der Leitung", o.O., o.J.

72 Kuhlen, Peter: Aufzeichnungen „Diverses hinsichtlich Einfluss Fritz Bischoff in der Leitung", o.O., o.J.

73 Kuhlen, Peter: Aufzeichnungen „Diverses hinsichtlich Einfluss Fritz Bischoff in der Leitung", o.O., o.J.

> drich Bischoff seit dem 1. Juli 1932 herausgebracht hat, sind nicht Gegenstand dieses Vertrages, da Herr Friedrich Bischoff hieran die uneingeschränkten Verlagsrechte kraft eigener Schöpfung besitzt."

Außerdem wurde der bestehende Vertrag um 25 Jahre verlängert.

> „Der Vertrag wird verlängert bis zum 31. Dezember 1975. Er kann erstmalig bis zum 31. Dezember 1970 auf den 31. Dezember 1975 gekündigt werden. Unterbleibt diese Kündigung, dann verlängert sich dieser Vertrag um weitere zehn Jahre bei einer Kündigungsfrist von drei Jahren."

Die Apostel wurden erst im nachhinein über diesen Vertrag informiert und nicht um Zustimmung gefragt. Der Stammapostelhelfer wandte sich explizit gegen die Verlängerung der Verlagsrechte an den Bischoff-Verlag und wollte die Druckaufträge - spätestens bei Übernahme der Leitung - ausschreiben lassen.[74] Friedrich Bischoff und Gottfried Rockenfelder „sahen langsam ihre Felle schwimmen gehen" und entschlossen sich wohl zum endgültigen Angriff auf Kuhlen. „Im Verlauf des Jahres 1950 erschienen in der neuapostolischen Presse einige Artikel, die als Angriff auf die Position und Legitimation des Helfers Kuhlen verstanden werden können. Initiatoren waren im Wesentlichen Gottfried Rockenfelder und Friedrich Bischoff. Die Intention war die Stärkung des Stammapostels, und es spricht etliches dafür, dass das Vorgehen eine Strategie war."[75] So wurde dem Stammapostel offenbar in anonymen Schreiben geflüstert, dass die Apostel beabsichtigten ihn an seinem 80. Geburtstag in den Ruhestand zu setzen, wie er selbst in der Apostelversammlung vom 8. Mai 1950 kundtat. In Gottesdienstbereichten über mehrere große Gottesdienste in Hol-

---

74 *Zeitzeugenaussage von Werner Kuhlen und Joachim Kuhlen, Sohn und Enkel des Apostels Kuhlen im August 2011*

75 *Drave, Walter: Die Neuapostolische Kirche von 1938-1955, Entwicklungen und Probleme, November 2007, S. 30*

land, die der Stammapostel mit Kuhlen zusammen hielt, wird das Mitdienen Kuhlens überhaupt nicht erwähnt.

Kuhlen sprach dann 1950 davon, dass zunehmend „Kräfte gegen mich an der Arbeit waren, denen es ganz und gar nicht gefiel, dass ich einmal sollte die Leitung des Werkes übernehmen. Diese Leute wussten sehr wohl, dass ich vielerlei Dinge, die unter dem Deckmantel des heiligen Ideals unseres Glaubens geschahen, nicht mehr dulden würde, [...] ."[76]

Selbst Drave schreibt: „Das Verhältnis zwischen Friedrich Bischoff und Kuhlen kann als Konkurrenzverhältnis mit feindlichen Zügen charakterisiert werden. Die nachweisbare Option Kuhlens, über den Verlag zu verfügen, bot ebenso Konfliktstoff [...]"[77] Hier klingt an, dass der Stammapostel ca. 1950 mit seinem Sohn einen Vertrag über Exklusivrechte über 25 Jahre für den Verlag abschloss, den Kuhlen eventuell als neuer Stammapostel aufgehoben hätte. Das Apostelkollegium wurde darüber lediglich informiert, eine Zustimmung wurde nicht eingeholt. Neben Apostel Kuhlen hatte sich auch Apostel Ernst Güttinger gegen diese Exklusivrechte vehement gewehrt, was ebenfalls ein Grund für seine Zurruhesetzung, die insbesondere von Friedrich Bischoff betrieben wurde, gewesen sein dürfte. In der entsprechenden Apostelkonferenz muss der Stammapostel auf die Einwände gesagt haben: „Wer gegen meinen Sohn ist, der ist gegen mich."

Apostel Kuhlen sah sich zunehmend an den Rand gedrängt und geradezu gemobbt.

Rücktritt des Stammapostelhelfers

Es wurde immer offener darauf hingearbeitet, dass der selbstbewußte Peter Kuhlen als Nachfolger Bischoffs ver-

---

76 Kuhlen, Peter: Aktenaufzeichnungen über die Gründe meines am 25. November 1950 erfolgten Rücktritts als Stammapostelhelfer und Nachfolger im Stammapostelamt, S. 6

77 Drave, Walter: Die Neuapostolische Kirche von 1938-1955, Entwicklungen und Probleme, November 2007, S. 29 Fußnote

schwinden müsse. Im November 1950 war es dann soweit, denn im neuapostolischen Kalender für 1951, der den Aposteln in der zweiten Novemberhälfte zugestellt wurde, erschien ein Artikel des Chefredakteurs Meyer-Geweke: „Er (der Stammapostel, Anm. d. Verf.) ist der festen Überzeugung, dass der Herr nicht mehr lange verziehen und die Seinen noch zu seinen Lebzeiten heimholen wird ins Vaterhaus, zumal ihm der Herr noch keinen gezeigt hat, der das Gottesvolk auf Erden nach ihm weiterführen solle.“ Dies stand in völligem Widerspruch zur Einsetzung seines Nachfolgers 1948. Nach Meinung etlicher Apostel (Knigge, Weinmann, Dehmel, Schall, Schmidt), die miteinander und mit Kuhlen daraufhin telefonierten, konnte der Chefredakteur diesen Bericht nicht von sich aus verfasst haben. Apostel Dehmel sprach mit Apostel Weinmann, der sagte: Man stehe „jetzt vor der Frage wie einst Bismarck, nämlich: Hält man es mit dem alten Kaiser, dann verdirbt man es mit dem Kronprinzen, oder hält man es mit dem Kronprinzen, dann verdirbt man es mit dem Kaiser! [...] Er wisse ja, „wenn einer der Apostel etwas gegen Fritz Bischoff sagen würde, der verdürbe es mit dem Stammapostel, und mit dem Stammapostel wolle er es auf keinen Fall verderben“. Apostel Dehmel soll dann gefragt haben, ob man nicht mit einigen Aposteln etwas gegen die Quertreiberei tun solle, worauf Weinmann geantwortet habe: „Tue das um Himmels Willen nicht, denn das wird dir derart übel genommen, dann bist du unten durch. Wir haben in dieser Hinsicht doch so Furchtbares erlebt, dass uns die Lust vergangen ist, mit irgendwelchen Aposteln über solche Dinge zu reden. Ich gehe, glaube ich, für das nächste halbe Jahr in Ferien, damit mich niemand erreicht

und ich zu allem nichts sagen brauche."[78]

Sogar dem Stammapostel muss diese Aussage im Kalender eine schlaflose Nacht bereitet haben und sein Sekretär, Ältester Weine, schlug vor, dass der Stammapostel am nächsten Tag einen erklärenden Brief an das Kollegium schreiben solle. Mittags habe der Stammapostel dann jedoch den Ältesten Weine angerufen und gesagt, dass er mit seinem Sohn gesprochen habe und dieser in der nächsten Ausgabe der „Unsere Familie" eine Klarstellung schreiben würde, was allerdings dann nie geschah. Apostel Kuhlen wartete einige Tage auf die versprochene briefliche Klarstellung. Am Vorabend des 25. Novembers 1950 telefonierte Kuhlen dann noch mit Weine, der ihm nach mehrmaligem Nachfragen sagte, dass Fritz Bischoff im Auftrage des Stammapostels mehrere Apostel zu einer Besprechung nach Frankfurt eingeladen hätte, um die Ordination vom 1. August 1948 als ungöttlich hinzustellen und den Stammapostelhelfer abzuwählen.[79]

Auf die Frage, ob Weine glaube, die bestellten Apostel würden einer Abwahl zustimmen, antwortete der Sekretär: „Leider muss ich das als sicher annehmen."[80] Daraufhin bot Apostel Kuhlen an, von seinem Amt zurückzutreten und wieder nur als Bezirksapostel im Rheinland zu arbeiten. Er bat um eine persönliche Aussprache mit dem Stammapostel am nächsten Tag um 10.00h in Frankfurt. Nach einem Telefonat mit dem Schweizer Otto Güttinger und einer Unterredung mit Apostel Dehmel auf der Fahrt nach Frankfurt, änderte Apostel Kuhlen seine Meinung zum freiwilligen Rücktritt allerdings. Beim Gespräch mit Stammapostel Bischoff und der Andeutung doch

---

78 *Kuhlen, Peter: Aktenaufzeichnungen über die Gründe meines am 25. November 1950 erfolgten Rücktritts als Stammapostelhelfer und Nachfolger im Stammapostelamt, S. 14*

79 *Kuhlen, Peter: Aktenaufzeichnungen über die Gründe meines am 25. November 1950 erfolgten Rücktritts als Stammapostelhelfer und Nachfolger im Stammapostelamt, S. 15*

80 *Zitiert nach Kuhlen, Peter: Aktenaufzeichnungen über die Gründe meines am 25. November 1950 erfolgten Rücktritts als Stammapostelhelfer und Nachfolger im Stammapostelamt, S. 15*

nicht zurückzutreten, geriet der Stammapostel so außer sich, dass die Apostel Kuhlen und Dehmel sowie Ältester Weine befürchteten, der Stammapostel bekäme einen Schlaganfall „und dann hätte man in die Welt hinaus posaunt, wir hätten den Stammapostel auf dem Gewissen. So blieben wir beide gänzlich stille. Der Stammapostel verlor jede Haltung und verklagte in seinen weiteren Ausführungen auch besonders den Schweizer Apostel E. Güttinger mit seiner demokratischen Gesinnung. Er habe aber kürzlich den Schweizer Aposteln bewiesen, dass die damalige Handlung ungöttlich gewesen sei; denn der Herr habe ihm eine Offenbarung gegeben, dass er das Volk Gottes zur Vollendung führen würde. Er habe zu den Schweizer Aposteln gesagt, und das wiederhole er auch uns gegenüber: „Ich werde nicht sterben.““[81] Der Stammapostel drohte dann mit einer Apostelversammlung zur Abwahl, in der er durch neue Ordinationen die Mehrheitsverhältnisse ändern würde. Nach weiteren Vorwürfen und Versuchen einer Stellungnahme stand für Kuhlen allerdings fest, dass es zukünftig kein ersprießliches Zusammenarbeiten mehr geben konnte und er erneuerte sein Rücktrittsangebot, dass der Stammapostel sofort erleichtert annahm.

Des Stammapostels Bitte, er möge aus gesundheitlichen Gründen zurücktreten, lehnte Kuhlen allerdings – weil unwahr – ab und erklärte dann schriftlich:

> „Herzlich geliebter Stammapostel!
> Nachdem ich nunmehr über 2 Jahre als Stammapostelhelfer im Werke Gottes tätig war, habe ich Einblick in Ihre Arbeit und auch in Ihre Glaubenserkenntnis über die Vollendung des Werkes Gottes gewonnen. Ich sehe mich der Schwere der zukünftigen Aufgabe eines Stammapostels nicht gewachsen und möchte hiermit den mir von dem Apostelkollegium durch Sie erteilten Auftrag, als Stammapostelhelfer und zukünftiger Stammapostel zu wirken, in Ihre Hände zurückgeben.

81 *Kuhlen, Peter: Aktenaufzeichnungen über die Gründe meines am 25. November 1950 erfolgten Rücktritts als Stammapostelhelfer und Nachfolger im Stammapostelamt, S. 17*

Nach der heute mit Ihnen gehabten Unterredung werde ich wie früher mich ausschließlich als Bezirksapostel des Apostelbezirkes Düsseldorf in der Einheit mit Ihnen und den Aposteln betätigen. In Verehrung, herzlicher Liebe und Verbundenheit Ihr ergebener, Peter Kuhlen"[82]

Im Amtsblatt vom 1. Januar 1951 wurde der Rücktritt auf Seite 8 veröffentlicht. Die Konflikte im Apostelkollegium waren mit Kuhlens Demission jedoch nicht beendet und setzten sich fort.[83] Es kam jedoch auf interessante Weise zu einer Stabilisierung der Stellung des Stammapostels.

Am 21. Mai 1951 fand wieder eine Apostelversammlung in Frankfurt zur Vorbereitung des 5. August statt. Zu dieser gab es wohl eine „Drei-Klassen-Einladung", denn die „Apostel Güttinger sen. und jun., Schneider und Kamphuis (waren) überhaupt nicht eingeladen, [...] die Apostel Knigge, Dehmel und ich nur für die Besprechung am Nachmittag gerufen [...], während die Apostel Schall, Volz, Ludwig, Weinmann, Schmidt, Hahn und Rockenfelder bereits am Vormittag Konferenz hatten."[84]

Am 14. Juli 1951 schickte der Stammapostel seinem Kollegium einen Entwurf mit abermals neuen Statuten, die wohl von seinem Sohn ausgearbeitet worden waren, und der Bitte diese

---

82 Kuhlen, Peter: Aktenaufzeichnungen über die Gründe meines am 25. November 1950 erfolgten Rücktritts als Stammapostelhelfer und Nachfolger im Stammapostelamt, S. 19

83 Drave, Walter: Die Neuapostolische Kirche von 1938-1955, Entwicklungen und Probleme, November 2007, S. 30

84 Kuhlen, Peter in: Notizen über die Apostelversammlung vom 22.5.1951 nachm. 3 Uhr in Frankfurt, S. 1

kurzfristig, innerhalb einer Woche, durchzusehen und zu kommentieren. Eine Apostelversammlung am 6. August 1951 sollte darüber entscheiden. Einen Tag vorher wurden noch sieben neue Apostel ordiniert, darunter Friedrich Bischoff selbst und Chrétien Dauber, die alle am Folgetag stimmberechtigt waren. „Der Schweizer Apostel Schneider sen. äußert sich später: er mache sich Sorgen um die Entwicklung des Werkes Gottes, wenn er daran denke wie viele unreife Apostel in letzter Zeit eingesetzt werden."[85] Aus dem „alten Apostelkollegium" waren inzwischen fünf Apostel (Faassen, Ernst Güttinger, Lembke, Schneider sen. und Toplisek) in den Ruhestand getreten. Die Mehrheitsverhältnisse hatten sich also massiv zu Gunsten des Stammapostels und seines Sohnes verändert. Hatte bei der Nachfolgewahl und der Satzungsänderung im Vorjahr noch Einstimmigkeit unter den Aposteln geherrscht, so wurde jetzt nach demokratischen Mehrheiten entschieden. Und genau solche demokratischen Entscheidungen waren Apostel Kuhlen und anderen zum Vorwurf gemacht bzw. die Illegitimität der Entscheidungen von 1948 damit begründet worden.[86]

Außerdem hatten die Apostel Weinmann und Schmidt sich von Unterstützern Kuhlens zu Kritikern gewandelt. Beide hielten sich lieber an den Stammapostel. Die Gegnerschaft gründete aber – auch nach der Zusammenschau von Apostel Drave – weniger in sachlichen Argumenten über seine Arbeit als in persönlichen Antipathien, unterstellter Machtgier und Apostel Kuhlens auf Ausgleich bemühten Wesens. Ein Zitat von Apostel Schmidt, dass Drave als Beleg für ein Zerwürfnis ausgibt, stellt Apostel Kuhlen eigentlich ein sehr gutes Zeugnis aus: „Ich empfand immer mehr, dass Apostel Kuhlen als Organisator befähigt sei, seine Gottesdienste und seine seelsorgerische Tätigkeit aber mehr einer Evangelisation gleichzustellen

85 *Meier-Widmer, Erwin in: Chronologie der Aera Johann Gottfried Bischoff, Schaffhausen 6. April 1998, ergänzt 5. November 1998*

86 *Drave, Walter: Die Neuapostolische Kirche von 1938-1955, Entwicklungen und Probleme, November 2007, S. 21 (Fußnote) und S. 22 (Text)*

seien."[87] Was kann einem Apostel Besseres passieren, als wenn seine Gottesdienste und seine Seelsorge als Evangelisation bezeichnet werden? Natürlich war das eine Evangelisation und Beeinflussung anhand des biblischen Wortes und nicht anhand stammapostolischer Lehren, wie Weinmann und Schmidt es offenbar lieber gehabt hätten. Apostel Schmidt schrieb außerdem 1952 in einem Bericht an den Stammapostel: „Wäre Ap. Kuhlen heute noch Helfer, hätte er ihren Einfluss im Werke Gottes ausgeschaltet, denn schon damals wandten sich etliche Apostel vorzugsweise an ihn."[88] Es gab also offenbar schon zu diesem frühen Zeitpunkt mindestens zwei Fraktionen im Apostelkreis.

Bei der Versammlung am 6. August 1951 wurden die neuen Statuten erwartungsgemäß angenommen und traten in Kraft. Ebenso wurden die neuen Glaubensartikel und die neue Version von „Fragen & Antworten", die Friedrich Bischoff erarbeitet hatte, verabschiedet. Die Statuten des Apostelkollegiums waren gegenüber der gerade mal anderthalb Jahre alten Fassung vom 1. Januar 1950 ein Rückschritt zu Autorität und Führung der Kirche allein durch den Stammapostel. Drave bezeichnet das in seinem Vortrag als „das wiederhergestellte exklusive Verständnis vom Stammapostelamt"[89]. Er begründet das u.a. damit, dass „er von allen Mitgliedern der NAK als der Repräsentant des Herrn auf der Erde angesehen wird". Wie die bisherigen Ausführungen dieser Arbeit allerdings deutlich machen, gab es dieses exklusive Verständnis kodifiziert gar nicht und hatte seine Ursprünge im „Führerprinzip" der Nazi-Zeit und der diesbezüglichen kontinuierlichen Beeinflussung der Gläubigen durch die neuapostolische Presse seit den späten 1920er Jahren. „Stammapostel Bischoff sah in der „grundlegenden" Neufassung der Apostelstatuten 1951 eine

---

87 *Drave, Walter: Die Neuapostolische Kirche von 1938-1955, Entwicklungen und Probleme, November 2007, S. 27*

88 *Schmidt, Walter: rückblickender Bericht „Wie Kuhlen Stammapostelhelfer wurde" und Brief an den Stammapostel, 8. September 1952, o.O., S. 1*

89 *Drave, Walter: Die Neuapostolische Kirche von 1938-1955, Entwicklungen und Probleme, November 2007, S. 31*

„Notwendigkeit“, damit „unliebsame Vorkommnisse wie in der Vergangenheit künftig hin vermieden werden.“[90] Dazu bediente er sich gerne der „überwiegenden Mehrheit der Apostel“, die er zur Änderung der Mehrheitsverhältnisse in seinem Sinne extra ordiniert hatte.

Die Botschaft

Am 18. Juni 1950 fand in einem Hotelzimmer in der niederländischen Stadt Eindhoven ein Gespräch zwischen dem Stammapostel und den Schweizer Aposteln Ernst und Otto Güttinger und Rudolf Schneider sen. statt. Hier erklärte J.G. Bischoff erstmals dass der Herr ihm eine Offenbarung gegeben habe, er werde nicht mehr sterben.[91] In der Wächterstimme vom 15. Oktober 1950 wurde in einer Huldigung zum 20jährigen Jubiläum als Stammapostel der Artikel mit einem Vers aus Joh 21, 23 unterschrieben: „Dieser Jünger stirbt nicht“.

Ganz neu waren solche Aussagen nicht. Bereits in der “Wächterstimme” vom 1. November 1949 war ein Brief von Walter Schmidt abgedruckt worden, in dem es hieß: “Der himmlische Vater hat gewusst, wem er seinen Geist anvertrauen konnte. Er hat Vater Krebs den Anfang, Vater Niehaus den Fortgang und Ihnen die Vollendung seines Werkes anvertraut.”

Zeitnah erschienen in der neuapostolischen Presse Aussagen wie: „Für uns ist die Zeit gekommen, in der es gilt, den Verstand unten den Gehorsam des Glaubens gefangen zu legen.“[92] oder „Trennung vom Stammapostel ist Tod, Bleiben beim Stammapostel ist die Errettung.“[93]

---

90 *Drave, Walter: Die Neuapostolische Kirche von 1938-1955, Entwicklungen und Probleme, November 2007, S. 31*

91 *Meier-Widmer, Erwin in: Chronologie der Aera Johann Gottfried Bischoff, Schaffhausen 6. April 1998, ergänzt 5. November 1998*

92 *Unsere Familie, 5. Juli 1952*

93 *Wächterstimme 15. Juli 1951, S. 107*

Es gibt mehrere Hinweise darauf, dass Stammapostel Bischoff mit zunehmendem Alter zu Sterben und Tod ein ambivalentes Verhältnis hatte. Aufgrund seiner Lebensgeschichte scheint das erklärbar, denn mit zehn Jahren starb einer seiner Brüder. „Zwei Jahre später starb ein weiterer Bruder im Alter von nur 18 Jahren. Ein Jahr darauf starb sein Vater im Alter von 63 Jahren und im selben Jahr noch eine Schwester im Alter von 22 Jahren. Zwei seiner drei Ehefrauen starben."[94] Auch sein dritter Sohn starb 1910 kurz nach der Geburt. Gedanken an den Tod und sein leibliches Ende schob Bischoff daher zunehmend beiseite, ebenso Friedhofsbesuche und Trauerfeiern. Auch aus diesem Grunde kann vielleicht erklärt werden, dass er sich – im Gegensatz zu seinem Vorgänger – auch nicht mit einer Nachfolgefrage auseinandersetzen wollte.

Als Stammapostel oblag ihm normalerweise das Abhalten von Trauerfeiern seiner engsten Mitarbeiter, der Apostel. Spätestens nachdem Apostel Kuhlen 1948 zu seinem Nachfolger und Helfer bestimmt worden war, übernahm dieser statt des inzwischen 77jährigen Stammapostels diese Aufgabe. So liest man z.B. im Amtsblatt vom 1. Juli 1949, dass Apostel Kuhlen in Hamburg die Beerdigung von Apostel Lembke vorgenommen hat. Anfang September 1950 hielt Apostel Kuhlen dann die Trauerfeier für den verstorbenen Apostel Hartmann aus Karlsruhe im Auftrag des Stammapostels.[95] Apostel Kuhlen bemerkt in seinen seinerzeitigen Notizen, die offenbar allgemein bekannte Tatsache, „da der Stammapostel selbst die Trauerfeier ja wohl nicht halten werde."[96] Es ist außerdem anzumerken, dass die Durchführung im Vorfeld von Apostel Friedrich Bischoff und Apostel Rockenfelder versucht wurde zu vereiteln, und von diesen Apostel Schall als Trauerredner

---

94 Keller, Manfred: Kirche und Wahrheit, o.O., 2008, S. 15

95 Wächterstimme 1. Okober 1950, S. 146

96 Kuhlen, Peter: Aktenaufzeichnungen über die Gründe meines am 25. November 1950 erfolgten Rücktritts als Stammapostelhelfer und Nachfolger im Stammapostelamt, S. 9

vorgeschlagen worden war.[97] Apostel Kuhlen bewertete dies als weiteren Versuch „ihn kaltzustellen“. Apostel Carl Ludwig aus Heilbronn wurde 1952 vom Bezirksapostel Schall beerdigt, ebenso Apostel Eschmann am 2. April 1953. „Der Tod galt als letzter und größter Feind“.[98] Die gesamten Gemeinden wurden mehr oder weniger in dieses „Furchtdenken“ mit einbezogen. „Wir wollen etwas anderes hören, als vom Tode, der der Sünde Sold ist“[99]. Die Trauerfeier für Apostel Rudolf Schneider wurde am 26. Januar 1956 von Apostel Streckeisen gehalten. Keine einzige Apostelbeerdigung wurde vom Stammapostel zwischen 1948 und 1956 gehalten.[100] Inwieweit dies auch in der Vorzeit zutraf, ist, aufgrund fehlender Publikationen wegen des Krieges, nicht nachweisbar.

In Ausarbeitungen über die Entstehung der Botschaft wird ausgeführt, dass in dieser Zeit eine gewisse „Sehnsucht“ und besondere Endzeitstimmung unter den neuapostolischen Mitgliedern geherrscht habe. Als endzeitliche Gemeinschaft und eschatologisch ausgerichtete Kirche ist dies grundsätzlich verständlich. Gerade in der Nachkriegszeit, nach überstandenem Krieg und im beginnenden Wirtschaftswunder[101] und dem auch damit verbundenen Wiederaufbau der Gemeinden - wenn auch evtl. im Schatten des beginnenden „Kalten Krieges“ - wirkt es jedoch nicht ganz nachvollziehbar. Außerdem wuchs die NAK in diesem Zeitraum stark. 1952 betrug die Mitgliederzahl in Deutschland 312.832 (73%) und weltweit 428.370 Personen. Sie erhöhte sich dann in einem Jahr auf

---

97 Kuhlen, Peter: Aktenaufzeichnungen über die Gründe meines am 25. November 1950 erfolgten Rücktritts als Stammapostelhelfer und Nachfolger im Stammapostelamt, S. 9

98 Wächterstimme 1953, S. 158

99 Unsere Familie 1958, S. 427

100 Vgl. Amtsblätter und Wächterstimme der Jahrgänge 1948-1956

101 Das Wirtschaftswunder wird von der Währungsreform 1948 bis zum Ende 1957/58 definiert

343.113 (74%) bzw. 464.225.[102] Ob für dieses Wachstum die exklusive „Botschaft“ hauptverantwortlich war?

In einem Weihnachtsgottesdienst in Gießen 1951 verkündete der Stammapostel dann seine Botschaft offiziell den Gläubigen. „Erst mehrere Wochen nach der Verkündigung einer solchen Botschaft vor den Geschwistern [...] wurde den Aposteln der stenographische Bericht über die in Gießen vom Stammapostel gemachten Ausführungen „als Drucksache“ ohne jedes Anschreiben und ohne irgendeine Anweisung, was damit zu geschehen habe, zugestellt.“[103] Apostel Kuhlen beklagte, dass dieses „ohne vorher seinen Mitaposteln solches vorgetragen oder sie gar um ihre Ansicht hierüber befragt zu haben“[104] geschehen war.“[105]J.G. Bischoff hatte sich eine „illusionäre Welt“ aufgebaut und nahm andere mit hinein. Viele fühlten sich geehrt, [...]“

Ab 1951 wurde die „Botschaft“ zunehmend in den Gottesdiensten thematisiert, wenn sich J.G. Bischoff auch öfter nicht ganz sicher zu sein schien, denn mehrfach relativierte er seine „Gottesoffenbarung“ bzw. beschrieb sie unterschiedlich. „In den Bezirken wurden diese kategorischen Stammapostelaussagen zunächst mit einer gewissen Toleranz weitergegeben, zumal J.G. Bischoff am 13. April 1954 in einem Gottesdienst in Tübingen sagte, dass er jedem Einzelnen überlassen wolle, wie er sich dazu stelle.“[106] Von 1951 bis 1954 sind keine Quellen bekannt aus denen hervorginge, dass Kuhlen selbst gegen die Botschaft Einwände hatte. Er predigte die Endzeiterwartung in abgeschwächter Form (ohne die Zeitangabe „innerhalb der Lebenszeit des Stammapostels“) und verpflichtete

---

102 Böcher, Klaus: Die Neuapostolische Kirche als christliche Glaubensgemeinschaft, wissenschaftliche Arbeit, 28.05.1976, Gesamthochschule Siegen

103 Kuhlen Peter in: Ereignisse in der Neuapostolischen Kirche, die zur Gründung der Apostolischen Gemeinde geführt haben, Düsseldorf 1955, S. 39

104 Kuhlen Peter in: Ereignisse in der Neuapostolischen Kirche, die zur Gründung der Apostolischen Gemeinde geführt haben, Düsseldorf 1955, S. 39

105 Keller, Manfred: Kirche und Wahrheit, o.O., 2008, S. 16

106 Keller, Manfred: Kirche und Wahrheit, o.O., 2008, S. 13

niemanden in seinem Arbeitsbereich auf eine Verkündigung. Allerdings wandte er sich gegen die zunehmende Pflicht zur Verkündung und die, im Dezember 1954 anstehende, endgültige Dogmatisierung. „Jahr für Jahr wurde jedoch der Fanatismus größer, das gefiel Peter Kuhlen nicht, deswegen versuchte er, mäßigend zu wirken - doch damit biss er auf Granit. Die Fronten zwischen den Botschaftsanhängern und den Skeptikern verhärteten sich immer mehr, zumal Johann Gottfried Bischoff sich immer weiter vor wagte und laut „Unsere Familie“ vom 5. Juli 1953 sagte: „Der weitaus größte Teil unter uns wird den Tag des Herrn erleben“ (also ebenfalls nicht mehr sterben).“[107]

Die nahe Wiederkunft wurde sogar organisatorisch eingebettet, denn der bisher übliche jährliche Entschlafenengottesdienst im November wurde auf den 6. Juli 1952 vorverlegt. Bischoff begründete dies gegenüber Apostel Otto Güttinger und sogar in einem Rundschreiben an die Apostel damit dass, „nicht damit zu rechnen ist, dass es noch bis November geht“.[108] So ganz glaubte man aber offenbar selber nicht daran, denn sowohl im Amtsblatt als auch in der Wächterstimme wurden die Abonnenten im Juli aufgefordert, Bestellungen für den Kalender „Unsere Familie“ 1953 vorzunehmen.[109] Der rheinländische Kirchenverwaltungschef, Bischof Schmohl, fuhr aufgrund des Rundschreibens extra nach Frankfurt zur Aussprache mit dem Stammapostel. Das Gespräch spitzte sich zu und Schmohl bot seinen Rücktritt an. Dies wollte der Stammapostel offenbar nicht und so wurde die Erklärung zur Vorverlegung des Entschlafenengottesdienstes dahin gehend geändert, „dass die Wiederkunft so nahe sei und in der jenseitigen Welt so viele Tätigkeiten von Nöten seien, dass eine Vorverlegung und künftige dreimalige Feier im Jahr unerlässlich sei.“[110] Diese Regelung gilt in der NAK bis heute.

---

107 Tjaden, Heinz-Peter in: Neuapostolische Kirche: Geschichtsvortrag ging gründliche daneben (VIII), Internetblog Readers Edition vom 6. Juli 2008

108 Parzich, Wilhelm in: Sondernummer Feb./März 1972

109 Amtsblatt 1952 S. 104 und Wächterstimme 1952 S. 104

110 Keller, Manfred, Zeitzeugenaussage bei der Besprechung dieses Aufsatzes

1953 wurde dann der Apostelbezirk Mainz neugegründet, deren Bezirksapostel Friedrich Bischoff wurde. Apostel Kuhlen musste die südlichen Teile seines rheinländischen Bezirks an den neuen Apostelbezirk abtreten.

Am 12. September 1954 fand in Stuttgart eine Apostelversammlung statt, an der 30 Apostel teilnahmen. Schriftführer war Apostel Dehmel. Einer der ersten Tagesordnungspunkte war die Gründung eines Vereins „Neuapostolischer Kirchenverband“ mit einer finanziellen Zentralisierung und Sitz in Frankfurt.[111] Dies war 1938 bereits vom Stammapostel und seinem Sohn versucht worden, nun gelang es. Unter Punkt 4 wurde über die Situation in Südafrika gesprochen, wo Apostel Schlaphoff sich Verfehlungen hatte zuschulden kommen lassen. Friedrich Bischoff hatte eine Woche vorher bei einem Gespräch mit den Aposteln Dehmel, Dunkmann, Kuhlen und dem Stammapostel die Meinung vertreten, man müsse hier ein Exempel statuieren. Kuhlen wandte sich am 4. September dagegen, weil darunter das Ansehen der Kirche in Afrika sehr leiden würde. Der Stammapostel war noch seiner Meinung. In Stuttgart jedoch hatte er diese wieder geändert und sagte: „Wenn es nötig werden sollte, dann werde ich Schlaphoff ins Gefängnis bringen.“[112] Beim nächsten Punkt 5 wurde dann über die Situation in Holland gesprochen, wo Apostel Kamphuis gerade sein Amt niedergelegt hatte. Der Stammapostel stellte die Ereignisse so dar, als wäre Apostel Kamphuis der einzig Schuldige an der Situation und begrüßte den erstmalig bei einer Apostelversammlung anwesenden zweiten niederländischen Apostel Tjark Bischoff[113] mit den Worten: „Sie sind bei allen Aposteln beliebt.“ Als dieser dann jedoch nach den Ausführungen des Stammapostels seinen Mitbruder in Schutz

111 Tjaden, Heinz-Peter in: Neuapostolische Kirche: Geschichtsvortrag ging gründliche daneben (XX), Internetblog Readers Edition vom 23. Juli 2008

112 nach Kuhlen, Peter: Einige Notizen über die am Sonntag, 12. September 1954 im kleinen Saal der Neuapostolischen Gemeinde Stuttgart, Einkornstr. 13 stattgehabten Apostelversammlung, an welcher 30 Apostel teilnahmen, o.O., o.J., S.

113 trotz gleichen Nachnamens nicht verwandt mit dem Stammapostel

nahm, herrschte „eisiges Schweigen". Als dann eine weitere Verteidigung des Apostel Tjark Bischoff für den Bischof Versteeg geschah, zeigten Apostel Rockenfelder und Schmidt lautstark ihren Unmut darüber. Apostel Tjark Bischoff sagte dann später zu Apostel Kuhlen: „Sobald man für jemanden ein gutes Wort einlegt, der bei diesen Leuten nicht beliebt ist, dann ist es vorbei."[114] . Die letzten beiden Punkte 8 und 9 ließen die Stimmung im Apostelkreis wieder eskalieren. Es wurde über die Vornahme von Amtseinsetzungen und Versiegelungen[115] gesprochen und dass für diese die Vorbedingung gemacht werden sollte, den Glauben an die Wiederkunft zu Lebzeiten des Stammapostels bezeugt zu haben. Die rheinländischen Apostel hatten sich verständigt, dieses auf keinen Fall mitzutragen und wurden während der Konferenz von den Aposteln Friedrich Bischoff, Hahn und Schmidt deswegen angegangen. Apostel Kuhlen sagte: „Der Glaube an die nahe Wiederkunft Christi ist bei uns so lebendig, wie überall im Werke, aber ich will und kann keinen Amtsbruder zwingen, die Botschaft zu verkündigen, [...] weil dann die Gefahr besteht, dass Brüder aus Angst oder der Form nach oder aus Augen-dienerei solche predigen. Ich will aber auf keinen Fall Heuchler und Lügner hinter dem Altar sehen [...]."[116] Damit wurde er endgültig für „die Mehrheit der inzwischen „botschaftsfixierten" Mitapostel zum problematischen und häresieverdächtigen „Lehrabweichler"."[117] Mit Blick auf die Bibel und weitere wichtige seelsorgerische Gründe hatten die drei Apostel gehofft, dass von der beabsichtigten „Dogmatisierung" der Botschaft Abstand genommen wurde. „Diese Hoffnung schien sogar berechtigt, weil der Stammapostel in dieser

---

114 Kuhlen, Peter: Einige Notizen über die am Sonntag, 12. September 1954 im kleinen Saal der Neuapostolischen Gemeinde Stuttgart, Einkornstr. 13 stattgehabten Apostelversammlung, an welcher 30 Apostel teilnahmen, o.O., o.J., S. 4

115 3. Sakrament der NAK und Aufnahmeritual in die Kirche

116 Kuhlen, Peter: Einige Notizen über die am Sonntag, 12. September 1954 im kleinen Saal der Neuapostolischen Gemeinde Stuttgart, Einkornstr. 13 stattgehabten Apostelversammlung, an welcher 30 Apostel teilnahmen, o.O., o.J., S. 2

117 Keller, Manfred in: Kirche und Wahrheit, o.O., 2008, S. 28

Apostelversammlung zum Thema „Dogmatisierung“ nachweislich ein offizielles Abstimmungsvotum vermied.“[118] Apostel Drave schreibt, dass Kuhlen nach der Apostelversammlung „seine defensive Oppositionshaltung gegen Stammapostel Bischoff aufgegeben [hätte] und bereit war in die Offnensive zu gehen.“[119]

„„Bischoff-Euphorie“ und „Botschaftstaumel“ trieben ihre Blüten.“[120]

Nachdem insbesondere im Apostelbezirk Rheinland in den folgenden Wochen tumultartige Szenen der Botschaftsbefürworter in den Kirchen passiert waren, die u.a. mit Zutrittsverweigerung sogar für Apostel endeten und unzufriedene Amtsträger zur Betreuung an einen gebietsfremden Apostel, nämlich Walter Schmidt aus Westfalen, verwiesen worden waren, sahen die verantwortlichen Bezirksleiter des Rheinlandes keine andere Möglichkeit mehr, als sich mit einem Brief an den Stammapostel zu wenden.

„Bereits am 13. Dezember 1954 richtete Apostel Kuhlen einen Einschreibebrief an den Stammapostel. Darin bat er um Unterstützung, um die schwerwiegenden Unstimmigkeiten beseitigen zu helfen, die in einer Gemeinde durch Auseinandersetzungen um die Botschaft ausgelöst worden waren. Der Brief endete mit nachstehendem Wortlaut: „Lieber Stammapostel, stehen Sie uns doch bei, denn wir haben das einzige Verlangen, zusammen mit Ihnen zum Tag des Herrn zu gehen, und da tut doch ein gegenseitiges Stützen sehr not. (...) Ich

---

118 Neuapostolische Kirche Nordrhein-Westfalen in: Zur Geschichte der Neuapostolischen Kirche 1938-1955 – Gespräch mit Zeitzeugen, Dortmund 2008, S. 4

119 Drave, Walter: Die Neuapostolische Kirche von 1938-1955, Entwicklungen und Probleme, November 2007, S. 37

120 Keller, Manfred in: Kirche und Wahrheit, o.O., 2008, S. 28

grüße Sie in Liebe und Ergebenheit, Ihr gez. Peter Kuhlen."
Der Stammapostel schaffte keine Abhilfe.[121]

Am 6. Januar 1955 wurde ein weiterer Brief von den Bezirksämtern des Rheinlandes verfasst und an den Stammapostel geschickt. In diesem wurde dem Stammapostel die Situation im Bezirk geschildert und Maßnahmen zu deren Abstellung gefordert (Übergriffe von Botschaftsanhängern auf Amtsbrüder, eigenmächtige Absage von Gottesdiensten, Beschimpfungen von Botschaftskritikern etc.). Er ist geprägt von Brudersinn und der eindeutigen Ausrichtung, mit dem Stammapostel verbunden zu bleiben. Er „ist in einem ehrerbietigen Ton gegenüber dem Stammapostel verfasst und bekundet den Glauben an die nahe Wiederkunft Christi. Er soll helfen, doch noch Frieden zu schaffen und möglichst die „Dogmatisierung" der Botschaft abzuschwächen."[122]

Ebenfalls am 6. Januar 1955 schrieb Priester Arenz aus Kerpen-Horrem an Apostel Kuhlen, dass er diesem nicht mehr folgen wolle. Einen Tag später bestätigte Apostel Kuhlen den Erhalt des Briefes von Priester Arenz und teilte ihm mit, dass dieser sich aufgrund des Briefes von seinen Aufgaben als Priester und Vorsteher selbst entbunden habe. Am 12. Januar 1955 schickte der Stammapostel den Brief der Bezirksleiter des Rheinlandes vom 6. Januar an die anderen Apostel zur Stellungnahme. Ebenfalls am 12. Januar 1955 schrieb Bezirksapostel Kuhlen einen offenen Brief an die Geschwister seines Bezirkes, der am 16. Januar in den Gemeinden verlesen werden sollte. Wiederum nur zwei Tage später, am 14. Januar 1955 wurde der Brief der Bezirksleiter dann an alle Amtsträger im Apostelbezirk Rheinland verteilt.

---

121 Neuapostolische Kirche Nordrhein-Westfalen in: Zur Geschichte der Neuapostolischen Kirche 1938-1955 – Gespräch mit Zeitzeugen, Dortmund 2008, S. 5

122 Neuapostolische Kirche Nordrhein-Westfalen in: Zur Geschichte der Neuapostolischen Kirche 1938-1955 – Gespräch mit Zeitzeugen, Dortmund 2008, S. 5

Am nächsten Tag, dem 15. Januar 1955, lud Apostel Walter Schmidt aus dem Apostelbezirk Westfalen die "unzufriedenen" Amtsträger des Apostelbezirks Rheinland zu einer Ämterversammlung nach Hagen ein. Dort setzte er auch den Priester Arenz aus Kerpen wieder in sein Amt ein. Ein einmaliger Fall in der Geschichte der Kirche, dass Apo-stel so offen im Arbeitsfeld eines Kollegen agierten.

Am 15. Januar 1955 abends erhielten Apostel Kuhlen und andere ein Telegramm des Stammapostels in dem vor der Verteilung/Verlesung der Briefe gewarnt wurde. Zu diesem Zeitpunkt sahen diese es jedoch als wahrscheinlich letzten möglichen Akt der Notwehr an und entschieden sich, diese am 16. Januar 1955 trotzdem verlesen und verteilen zu lassen, um den nichtsahnenden bzw. verunsicherten Geschwistern die Dinge zu erläutern.

Am 17. Januar 1955 schrieb dann ein Bruder Doepke aus Bonn-Duisdorf (=Apostelbezirk Rheinland) an viele Geschwister einen Brief, dass er telefonisch von Apostel Friedrich Bischoff und Bischof Weine erfahren hätte, dass die Apostel Kuhlen, Dehmel und Dunkmann ihrer Ämter enthoben seien.[123] Dies entsprach zu diesem Zeitpunkt nicht den Tatsachen, liess bei den Betroffenen aber erkennen, dass eine Eskalation und weitere Schritte, eventuell ein Ausschluss, wie in anderen Regionen erlebt, bevorstanden.

Ebenfalls am 17. Januar 1955 erhielt Kuhlen einen Brief des Stammapostels vom 13. Januar in dem dieser ihn aufforderte, Priester Arenz wieder in sein Amt einzusetzen, was der bezirksfremde Apostel Schmidt allerdings bereits zwei Tage vor-

123 Drave, Walter: Die Neuapostolische Kirche von 1938-1955, Entwicklungen und Probleme, November 2007, S. 38

her erledigt hatte. Am nächsten Tag erhielten dann die Bezirksämter des Rheinlandes eine Einladung zur Apostelversammlung am 23. Januar 1955 in Frankfurt.

Innerhalb von nur drei Wochen war die Situation im Rheinland unrettbar eskaliert.

Am 23. Januar 1955 erfolgte in Frankfurt in einer kurzen Apostelversammlung der Ausschluss der Apostel Kuhlen, Dehmel und Dunkmann. Dies war genau sieben Tage nach der Veröffentlichung des Briefes.

„Deutlicher hätte J.G. Bischoff seine inzwischen hochmütig-herrische Haltung nicht dokumentieren können."[124] Was blieb den verantwortlich denkenden und sich ihren Geschwistern verpflichtet fühlenden Aposteln und Bezirksämtern anders übrig, als durch eine Vereinsgründung die große Anhängerzahl in geordnete Bahnen zu lenken und die von ihnen erkannten apostolischen Grundwerte lebendig zu erhalten? Von Apostel Drave wird unterstellt, dass Kuhlen sich im Januar 1955 bewusst für eine Trennung vom Stammapostel entschieden hätte. Dem ist entschieden zu widersprechen! „Kuhlen ist zur Apostelversammlung nach Frankfurt gefahren mit der Absicht, die Trennung abzuschließen. Da er nicht bereit war, dem Stammapostel zu folgen, trägt er auch die Verantwortung für seine Amtsenthebung und den Ausschluss aus der Neuapostolischen Kirche."[125] In dieser Argumentation lässt Drave bewusst vermissen, dass es – wie aufgezeigt – eine stetige Entwicklung gab und dass das „dem Stammapostel Folgen" bewusst unmöglich gemacht wurde und mit zweifelhaften Lehren, die Drave überhaupt nicht hinterfragt, gefördert wurde. Kuhlens „bibelkonforme Zurückhaltung wurde ihm von euphorisch faszinierten Botschaftsverfechtern als unzureichende „Stammapostelnachfolge" ausgelegt. Denn mehr und mehr wurde in der neuapostolischen Kirche die vordergründige Bot-

---

124 Keller, Manfred in: Kirche und Wahrheit, o.O., 2008, S. 29

125 Drave, Walter: Die Neuapostolische Kirche von 1938-1955, Entwicklungen und Probleme, November 2007, S. 38

schaftsproklamation bedeutsamer als eine tiefgründige Evangeliumsverkündigung.“[126]

Weiterhin wird Kuhlen unterstellt, er habe primär aus menschlichem Geltungsbedürfnis und Ehrgeiz gehandelt. Dem widersprechen sämtliche Quellen und besonders die Tatsache, dass weder in der Apostolischen Gemeinschaft noch in der späteren Vereinigung Apostolischer Gemeinschaften (VAG) ein Stammapostelamt oder anderes Amt mit ähnlichen organisatorischen oder geistlichen Vollmachten geschaffen wurde. Vielmehr herrschte dort von Anfang an ein kollegiales Apostelamtsverständnis wie in der Neuapostolischen Kirche vor 1933 bzw. 1951.

Konfliktfelder und Ausschluss

In den Niederlanden kam es schon 1946/47, also sehr kurz nach dem Krieg, zu einer großen Spaltung wegen der Nachfolge des verstorbenen Bezirksapostels van Oosbree. Der kleinere Teil der apostolischen Mitglieder blieb bei der NAK, die in den Niederlanden HAZEA hieß, unter der Leitung von Apostel Jochems. Dieser wurde krankheitsbedingt schon am 21. Juli 1946 in den Ruhestand versetzt. Am gleichen Tag folgte ihm Apostel Paasman, der von Apostel Ernst Güttinger aus der Schweiz im Auftrage des Stammapostels eingesetzt

126 Keller, Manfred in: Kirche und Wahrheit, o.O., 2008, S. 28

wurde, da dieser aus politischen Gründen noch nicht selbst in die Niederlande reisen konnte. Apostel Paasman verstarb jedoch auch kurz später am 22. Mai 1948 schon und ihm folgte ebenfalls im Auftrag des Stammapostels Gerrit Kamphuis am 15. August 1948. Aufgrund des Beschlusses der Apostelversammlung vom 2. August 1948 in Bielefeld sollte er explizit dem Bezirksapostel der Schweiz unterstehen und auf dessen Anweisungen handeln. Güttinger nahm die Ordination zu dieser Zeit im „Auftrag des Stammapostels und des Apostelkollegiums und dem Namen Gottes“[127] vor. Dies entsprach zum einem seinem eigenen Kirchenleitungsverständnis und wohl auch dem der anderen Apostel, die bereits über eine diesbezügliche Satzungsänderung berieten und diese ca. ein Jahr später auch umsetzten. Außerdem hatte der Stammapostel quasi zeitgleich mit Güttinger auch diese „Einsetzungsformel“ bei Kuhlen benutzt. Es war also keineswegs ungewöhnlich. Dennoch wurde diese Ordination in den fünfziger Jahren von den Botschaftsanhängern deshalb als illegitim betrachtet.

Die sogenannte „Botschaft“ wurde zuerst in Eindhoven den drei Schweizer Aposteln gegenüber vom Stammapostel erwähnt. Er hielt sich gerade zusammen mit Apostel Kuhlen, der sehr gut niederländisch sprach und daher den Hauptteil der Predigten ausführte, zum Besuch in den Niederlanden auf. Als die Botschaft dann immer stärker in den Schriften und Predigten in Deutschland forciert wurde, wandte sich Kamphuis im April 1952 an Bischoff, dass es aufgrund der Lehre von van Oosbree, dass Jesus schon im Apostel wiedergekommen sei und eine weitere Wiederkunft deshalb nicht mehr erwartet werde („Neues Licht“, Anm. d. Verf.), in den Niederlanden bereits schwer gewesen sei, die traditionell christlich geglaubte

[127] *Brot des Lebens Nr. 22 vom 15.11.1948, S. 175*

Wiederkunft Christi bei den Geschwistern zu verankern bzw. zu stärken, es aber nun noch schwieriger sei, die Lehre zu verkündigen, der Stammapostel Bischoff sei der letzte, er sterbe nicht bis zur Wiederkunft. In den darauf folgenden Monaten erwies sich, dass es neben diesen Zweiflern aber auch diejenigen gab, denen Kamphuis die Botschaft nicht deutlich genug predigte. In einer Apostelversammlung am 21. Januar 1954 in Frankfurt, zu der Apostel Kamphuis nicht eingeladen worden war, trugen vier niederländische Brüder ihre Bedenken gegen ihren Apostel vor und sagten, sie wollten diesem nicht mehr folgen. Apostel Kuhlen übernahm die Verteidigung des Apostels Kamphuis, jedoch „die Apostel Bischoff und Rockenfelder (schrien) mich an." „Dann stand Apostel Schmidt auf und sagte: Apostel Kamphuis hat die Botschaft des Stammapostels nicht weitergegeben, und ein Apostel, der gezögert hat, das Wort des Stammapostels weiterzugeben, der muss exkommuniziert werden. (Zwischenruf des Apostels Dauber: So ein Apostel muss hinausgeworfen werden.") Ich sagte gleichfalls laut: „Apostel Kamphuis hat die Botschaft weiter gegeben, es stehen in den holländischen Blättern fast ausschließlich Gottesdienstberichte über Stammaposteldienste, Artikel aus Wächterstimme, Amtsblatt, Jugendfreund usw., Apostel Kamphuis tut alles, um im Sinne des Stammapostels zu schaffen. ... Wiederum Apostel Schmidt: „Wenn in dieser Zeit ein Apostel mit der fortschreitenden Erkenntnis und Lehre des Stammapostels nicht mitkommt, dann kann er kein Apostel mehr sein, dann soll er ehrlich sein und sagen: Ich komme nicht mehr mit, dann soll er gehen als Apostel." (Das war ziemlich deutlich gegen mich gemünzt)."[128] Die Wandlung in der Meinung des Stammapostels und auch Apostel Friedrich Bischoffs, die eine Woche zuvor noch andere Aussagen gemacht und mit Apostel Dehmel und Kuhlen getroffen hatten, war „mehr als auffallend. ... Dennoch ging aus dem ganzen Verhalten von Apostel Rockenfelder hervor, dass er diese Männer (vielleicht und wahrscheinlich ohne Wissen des Stammapostels) nach Frankfurt bestellt und ihnen Instruk-

---

128 Kuhlen Peter: Kurze Notizen über den Verlauf der Versammlung der Bezirksapostel am 21.1.1954 nachm. 15 Uhr in Frankfurt a.M., Sofienstr. 50, S. 2

tionen gegeben hat."[129] Apostel Kuhlen bat dringend darum, Apostel Kamphuis noch persönlich zu hören, worauf Bischoff sagte: „Es geht jetzt in Holland wie in Afrika und wir müssen abwarten, was daraus wird." Und sein Sohn fügte ärgerlich hinzu: „Die Dinge in Holland sind jetzt im Fluss, da können wir nichts mehr aufhalten."[130] Am 14. August 1954 erklärte Apostel Kamphuis seinen „freiwilligen" Rücktritt vom Amt.

Auch im Saarland gab es ab ca. 1950/51 Konflikte, die in Auschlüssen endeten. Von 1935 bis 1948 unterstand das Saarland dem hessischen Apostel Buchner. Als Frankreich 1948 die Herauslösung des Saarlandes aus Deutschland betrieb, erklärte der französische Militärgouverneur gegenüber dem Stammapostel, dass die der NSDAP angehörenden Amtsträger Emil Buchner, Gottfried Rockenfelder und Friedrich Bischoff im Saarland unerwünscht wären und die Militärverwaltung einen eigenständigen Verein der neuapostolischen Gemeinden im Saarland wünsche. Der saarländische Älteste Herbert Schmidt hatte daraufhin ohne Absprache mit Frankfurt bei den Franzosen eine Satzung eingereicht, was ihm die Amtsenthebung einbrachte. Ab Januar 1949 beauftragte Bischoff daher zur Betreuung des Saarlandes die Schweizer Apostel Ernst Güttinger und Rudolf Schneider sen. Diese hatten auch vor dem Krieg das Saarland schon betreut, als es noch unter Völkerbundsmandat (von 1920-1935) stand. Es gab also persönliche Verbindungen. Deshalb wurde die Amtsenthebung Schmidts von Ernst Güttinger rückgängig gemacht. Die Schweizer stießen jedoch insbesondere bei den deutschnationalen Mitgliedern auf Ablehnung und der Stammapostel sah sich veranlasst, im August 1950, Peter Kuhlen,

129 Kuhlen Peter: Kurze Notizen über den Verlauf der Versammlung der Bezirksapostel am 21.1.1954 nachm. 15 Uhr in Frankfurt a.M., Sofienstr. 50, S. 4

130 Kuhlen Peter: Kurze Notizen über den Verlauf der Versammlung der Bezirksapostel am 21.1.1954 nachm. 15 Uhr in Frankfurt a.M., Sofienstr. 50, S. 3

Walter Schmidt und Georg Schall zur Befriedung in den Bezirk zu schicken. Als Ergebnis wurde Otto Güttinger mit der Betreuung beauftragt. Dies ging jedoch auch nur bis Juni 1951 gut, als Apostel Schall kurzfristig die Betreuung übernahm. Am 5. August 1951 wurde dann Chrétien Dauber als Bezirksapostel für Frankreich ordiniert und mit der Betreuung beauftragt. Unter der Amtsführung dieses Apostels, der in Predigten die Apostel aus der Schweiz diffamierte, kam es wiederholt zu Tumulten, die sogar Polizeieinsätze notwendig machten. Außerdem beschäftigte er sich in seinen Predigten sehr stark mit der gerade aufkommenden „Botschaft“ was vielfach auf Widerstand stieß, dem er mit Amtsenthebungen und Ausschlüssen entgegen trat. Am 17. Dezember 1951 wurden dann 1.254 Mitglieder der ca. 4.000 aus der NAK des Saarlandes ausgeschlossen. Diese Ausschlüsse wurden auch von den Aposteln Peter Kuhlen und Gerrit Kamphuis mit unterschrieben.[131]

Rückblickend sagt Kuhlen zu den Ereignissen dort: „Hierzu erwähne ich, dass die Zustände, wie sie jetzt in der Schweiz und im Saarland sind, nicht etwa entstanden sind, weil man Apostel Ernst Güttinger und die Brüder Schmidt etc. aus dem Saarland vor dem Apostelkollegium gemäß meinem Vorschlag gehört hätte, sondern eben, weil man sie leider nicht gehört hat.“[132]

---

131 Wissen, Volker in: Zur Freiheit berufen, Remscheid 2008, S. 46

132 Kuhlen Peter: Kurze Notizen über den Verlauf der Versammlung der Bezirksapostel am 21.1.1954 nachm. 15 Uhr in Frankfurt a.M., Sofienstr. 50, S. 3

Die Fronten wurden klarer, als Ernst Friedrich Dunkmann aus Düren am 4. Oktober 1953 Apostel im Rheinland wurde. Ihm war die endzeitliche Schwärmerei fremd, die sich in der NAK ausgebreitet hatte.[133] Er unterstützte daher sicherlich den Kurs Kuhlens, sich von der Dogmatisierung abzusetzen.

Man kann Apostel Kuhlen sicherlich den Vorwurf machen, zu lange geschwiegen und auch viele Beschlüsse mitgetragen oder wenigstens nicht gegen sie offen opponiert zu haben. So wurde z.B. von ihm auch keine Kritik an den „verschärften“ Glaubensartikeln laut, die die VAG sogar 1958 übernahm.[134] „Es hätte früher als 1955 gekracht, wenn Peter Kuhlen kein Mann der Kompromisse gewesen wäre.“[135] Apostel Dehmel hielt ihm auf der Fahrt nach Frankfurt vor dem Rücktritt als Stammapostel(helfer) 1950 vor, dass „er der Überzeugung sei, dass der Kampf um Reinheit und Sauberkeit im Werke jetzt oder aber zu einem späteren Zeitpunkte sowieso käme; dass es schließlich erträglicher wäre, ich würde den Schritt tun, wie ich es vorhatte, nämlich zurückzutreten, dass aber damit dem Volke Gottes wohl nicht so gut gedient wäre.“[136] Apostel Kuhlen zögerte wie auch andere Apostel, die „vorher bibeltreu [...] sich nun vor die schlimme Alternative gestellt sahen, den fragwürdigen „Botschaftskurs“ mitzuma-

133 Tjaden, Heinz-Peter in: Neuapostolische Kirche: Geschichtsvortrag ging gründliche daneben (XIX), Internetblog Readers Edition vom 21. Juli 2008

134 Vereinigung der Apostel der Apostolischen Gemeinden: Lehrbuch für Apostolische Christen, o.O., 1958, Antwort zu Frage 137, S. 43

135 Tjaden, Heinz-Peter in: Neuapostolische Kirche: Geschichtsvortrag ging gründliche daneben (XIX), Internetblog Readers Edition vom 21. Juli 2008

136 Kuhlen, Peter: Aktenaufzeichnungen über die Gründe meines am 25. November 1950 erfolgten Rücktritts als Stammapostelhelfer und Nachfolger im Stammapostelamt, S. 17

chen oder – im Fall großer öffentlicher Konflikte – den möglichen Zusammenbruch der gesamten Kirche in Kauf nehmen zu müssen."[137]

Auch bei den Ausschlüssen von Herbert Schmidt im Saarland war Kuhlen trotz der Mediation letztlich als Mitunterzeichner des Ausschlusses auch Täter. Nach dem Ausschluss Otto Güttingers aus der Kirche, den die Schweizer mit Zustimmung des Stammapostels allein vollzogen hatten, erhob er allerdings 1954 Bedenken und forderte, dem enthobenen Apostel satzungsgemäß eine Aussprache vor dem Apostelkollegium zu gewähren. Das fürchtete insbesondere Friedrich Bischoff und so kam es zu einer lauten Meinungsverschiedenheit und Versammlungsunterbrechung um Mittag. „Eine Aussöhnung zwischen dem Stammapostel und dem Apostel Güttinger ist nach [...] Äußerung des Apostel Weinmann und nach dem Verhalten etlicher anderer Apostel unerwünscht. Wie traurig, dass Träger des Amtes der Versöhnung unversöhnlich sind! Anderen predigen, aber selbst???"[138] Am Nachmittag wurde dann der vorgesehene Tagesordnungspunkt „das Apostelkollegium billigt die Enthebung Otto Güttingers" in „das Apostelkollegium nimmt die Enthebung zur Kenntnis" geändert, wogegen kein Protest mehr möglich war. Apostel Rockstroh hatte während der Mittagspause zu Apostel Kuhlen gesagt: „Peter, warum meinst du immer, du musst die glühenden Kohlen anfassen."[139]

„Erst als in der Stuttgarter Apostelversammlung vom 12.9.1954 J.G. Bischoff mit maßgeblicher Unterstützung der Apostel Friedrich Bischoff, Dauber, Higelin, Startz, Walter Schmidt, Streckeisen und Hahn versuchte, seine „Botschaft" in den Rang eines verpflichtenden Kirchendogmas zu heben, war für Apostel Kuhlen und seine Mitapostel Dehmel und Dunkmann der Punkt erreicht, ihre Gesamtverantwortung gegenüber der

137 Keller, Manfred: Kirche und Wahrheit, o.O., 2008, S. 27

138 Kuhlen, Peter in: Notizen über die Apostelversammlung vom 22.5.1951 nachm. 3 Uhr in Frankfurt, S. 4

139 Keller, Manfred: Zeitzeugenaussage bei der Besprechung dieses Aufsatzes

Kirche und ihren Mitgliedern über die persönliche Loyalität gegenüber dem offensichtlich mehr und mehr irregeleiteten Stammapostel zu stellen.“[140]

Die „Botschaft“ von Stammapostel Johann Gottfried Bischoff erfüllte sich nicht, denn er starb am 6. Juli 1960 in Karlsruhe, übrigens einen Tag nach dem ausgeschlossenen Schweizer Apostel Otto Güttinger. Die Herrnhuter Losung für diesen Tag lautete: „Gott spricht: Bis hierher sollst du kommen und nicht weiter, hier sollen sich legen deine stolzen Wellen. (Hiob 38,11)". Trotz eindeutiger Aussagen von Stammapostel Bischoff selbst ("Ich bin der Letzte, nach mir kommt Keiner mehr!" "Ich bin mir sehr wohl bewusst, dass wenn sich die Botschaft nicht erfüllen sollte, das Werk des Herrn beendet ist." etc.) hatte sein dann doch erfolgter Tod nicht die von ihm prophezeiten Auswirkungen. Die Botschaft selbst wurde von den Aposteln weiterhin als göttlich dargestellt, die anderen Aussagen Bischoffs dazu wurden ignoriert. „Nach dem unerwarteten Heimgang von J.G. Bischoff gab es einige, die ihre Kirche zu rechtfertigen begannen mit dem Hinweis auf außergewöhnliche, quantitative Mitgliederzuwächse in der „Botschaftsära“. [...] Es liegt jedoch keineswegs im Willen Gottes, Kirchenzuwächse mit Hilfe opportuner Thesen auf Kosten der Wahrheit mit taktischen und radikalen Methoden zu erreichen.“[141]

Apostel Walter Schmidt wurde neuer Stammapostel. „Mit einer sicherlich ungewollten Doppeldeutigkeit ist in „Unsere Familie“ 1961, S. 457, zu lesen: „Der Stammapostel geht peinlich in den Fußstapfen seines Vorgängers...“[142]

Ergebnis

Es lässt sich nach den vorhandenen Unterlagen und deren Auswertung bis zum Rücktritt vom Stammapostelhelferamt im

---

140 Keller, Manfred: Kirche und Wahrheit, o.O., 2008, S. 27

141 Keller, Manfred: Kirche und Wahrheit, o.O., 2008, S. 21

142 Keller, Manfred: Kirche und Wahrheit, o.O., 2008, S. 21

November 1950 kein direkter Konflikt zwischen Stammapostel J.G. Bischoff und seinem Helfer Apostel Peter Kuhlen nachweisen. Das Verhältnis schien lange Zeit unbelastet und Bischoff scheint in Kuhlen auch einen kompetenten und loyalen Helfer gesehen zu haben. Es ist außerdem nirgends etwas von Amtsverfehlungen oder Amtsmissbrauch durch Kuhlen zu finden. Im Gegenteil bescheinigen ihm sowohl Bischof Weine als auch der Stammapostel selbst, bei dem Rücktrittstreffen in Frankfurt, dass nichts gegen ihn vorläge. „Nein, sonst ist gar nichts gegen Sie vorliegend."[143] Zunächst schien nach dem Rücktritt tatsächlich für Kuhlen Ruhe einzukehren und er wurde auch weiterhin in den Apostelversammlungen respektiert und auf seine Empfehlungen wurde bis etwa 1954 oft gehört.

Ab 1951 kamen mit den neuen Statuten und den vielen neuen Aposteln, sowie den mehr oder weniger offenen Intrigen von Friedrich Bischoff und seinen Unterstützern Schmidt, Streckeisen und Rockenfelder, zunehmend Spannungen überall in der Kirche auf. Dies begannen im Saarland, danach in den Niederlanden und Südafrika und letztlich auch im Bezirk Kuhlens. In allen Fällen war Kuhlen indirekt beteiligt und sei es nur durch seine Parteinahme für die „Querulanten" und sein Eintreten für einen Ausgleich, um auch dem Ansehen der Kirche nicht zu schaden. Dadurch verdarb er es weiter mit dem Sohn des Stammapostels und seinen Unterstützern und allmählich entstanden auch mit dem Stammapostel Uneinigkeiten. Bis dato waren die Ansichten von Kuhlen nicht so konträr zu denen des Stammapostels. Außenstehende hielten jedoch danach Ausschau, wo man einen Gegensatz finden und/ oder aufbauen könnte. Dies wurde mit der Botschaft gefunden. „Es gab eine Diskrepanz, wo Kuhlen nicht mehr weiter mit ging."[144]

---

143 Kuhlen, Peter: Aktenaufzeichnungen über die Gründe meines am 25. November 1950 erfolgten Rücktritts als Stammapostelhelfer und Nachfolger im Stammapostelamt, S. 19

144 Keller, Manfred, Zeitzeugenaussage bei der Besprechung dieses Aufsatzes

Über die Hintergründe der Entstehung der Botschaft ist viel geschrieben und spekuliert worden. Das reicht vom Glauben einer tatsächlichen göttlichen Offenbarung bis zu einer puren Erfindung. Deshalb sei hier noch eine Aussage der neuapostolischen Schwester Gorenflos, in deren Haus der Stammapostel Bischoff 1960 starb, erwähnt, die im Internetforum nacworld im Jahr 2011 veröffentlicht wurde:

> „Der Stammapostel war verstorben. Ein Anruf in Frankfurt brachte die wieder zusammen gefundenen Bezirksapostel Schmidt und Apostel Bischoff schnell nach Karlsruhe. Bezirksapostel Schmidt blieb in Karlsruhe und Apostel Bischoff fuhr wieder nach Frankfurt, um von dort alles zu organisieren. Jetzt erst wurde Priester Gorenflos bewusst das alle noch hier waren und der Herr nicht gekommen war und sprach den Bezirksapostel Schmidt darauf an. Dieser sagte: „Es gab gar keine Botschaft" das sei alles nur ein Missverständnis gewesen und man würde das heute sicherlich alles anders machen. In Wirklichkeit wäre der Stammapostel eines morgens in den Kreis einiger anwesender Apostel getreten und hätte gesagt das er wunderbar geschlafen hätte und er einen Traum hatte in dem der liebe Gott ihm gesagt hätte, dass er noch zu seinen Lebzeiten kommen würde. Da behaupteten einige der Apostel vornehmlich aus Süddeutschland dass das ein Zeichen sei. Der Stammapostel wies darauf hin, dass es ein Traum gewesen sei. Trotzdem verkündeten die Apostel eilig in ihren Gemeinden zu Hause dies als Offenbarung."[145]

Sollte diese Geschichte den Tatsachen entsprechen, so wäre das ein eindeutiger Beweis für die von Vielen unterstellte These, dass die „Botschaft" gezielt besonders von den Aposteln Friedrich Bischoff und Gottfried Rockenfelder lanciert worden war, um u.a. unliebsame Nachfolger loszuwerden und damit verbundene gravierende Änderungen in der NAK und im

---

145 Schlangen, Ralf auf nacworld.net: Blog „Botschaft – Traum oder Offenbarung? Mai 2011

Verlag zu unterbinden. Werner Kuhlen, der Sohn des Bezirksapostels, sagte, die „Botschaft war Mittel zum Zweck, um Kuhlen los zu werden. Es hätte danach ein anderer Wind geherrscht.“[146]

Aber selbst am Ausschlusstag in Frankfurt soll der Stammapostel noch gesagt haben: „Nein, nicht ausschließen, denn so haben sie immer noch die Möglichkeit, zum Gottesdienst zu gehen und unter das Wort zu kommen.“[147] Aber da konnte sich der Stammapostel auch nicht mehr gegen seinen Sohn und dessen Unterstützer durchsetzen. Es wurde auch der Ausschluss beschlossen.

Es gab also vielmehr einen langjährigen direkten Konflikt zwischen Friedrich Bischoff und Peter Kuhlen, der neben persönlichen Antipathien und Misstrauen in die Fähigkeiten vor allem auf die wirtschaftlichen Tätigkeiten des Verlages und deren alleinige Vorteilnahme durch Bischoff zurückzuführen war. „Im Verlag muss Ordnung sein.“[148] Überhaupt war der Einfluss Friedrich Bischoffs auf die gesamte Kirche und den alternden Stammapostel kein Guter gewesen. Dabei hatte Kuhlen selbst noch etwa ein Jahr vor dem Ausschluss gegenüber Friedrich Bischoff am Abend des 21. Januars 1954 bei einem Vieraugengespräch nach der Bezirksapostelversammlung auf einem Frankfurter Hotelzimmer gesagt: „Er dürfe übrigens glauben, dass nicht alle, die ihm nach dem Munde reden, seine aufrichtigen Freunde seien, könne aber versichert sein, dass ich bei aller Offenheit im Reden von dem wie ich denke, keine Hinterhältigkeiten kenne.“[149] Das war bei seinem „Gegenspieler“ wohl anders.

---

146 Kuhlen, Werner bei der Besprechung dieses Aufsatzes

147 Drave, Walter: Die Neuapostolische Kirche von 1938-1955, Entwicklungen und Probleme, November 2007, S. 51

148 Kuhlen, Peter nach einer Zeitzeugenaussage von Keller, Manfred bei der Besprechung dieses Aufsatzes

149 Kuhlen, Peter in: Kurze Notizen über den Verlauf der Versammlung der Bezirksapostel am 21.1.1954 nachm. 15 Uhr in Frankfurt a.M., Sofienstraße 50, S. 5

Es eskalierte dann in vielen Gegenden bis zum Ausschluss (Herbert Schmidt, Güttinger, Kamphuis, Schlaphoff, Erasmus, Kuhlen) und zur Kirchenspaltung in mehreren Ländern.

1956 schrieb Walter Schmidt im Jugendfreund: „Das Verhältnis zu unserem himmlischen Vater erlaubt keine Toleranz. ... Toleranz oder Duldsamkeit ist für sie (die Neuapostolischen, Anm. d. Verf.) ein Begriff, der ihnen fremd ist, unvereinbar mit der Braut Christi.“[150] Wie hatte sich doch da in der NAK der Begriff der Toleranz (=Duldung gegenüber Andersgläubigen) im Vergleich zu apostolischen Auffassungen der Anfangszeit pervertiert. Schon Luther schrieb: „Alles, was nicht Sünde ist, muss man dulden.“ War denn „eine andere Meinung haben“, Sünde?

Und noch unter Stammapostel Niehaus wurde in „Alte und Neue Wege“ geschrieben: „Was ist Toleranz? Toleranz ist ein freundliches, schonendes Gewährenlassen religiöser Anschauungen und Kundgebungen, die nicht die unsrigen sind, die uns unvollkommen und minderwertig erscheinen, die wir aber mit christlicher Liebe dulden. Ein solcher Standpunkt schließt in sich, dass man selbst einen eigenen, festen religiösen Besitz hat, den man zwar für den besseren und höheren hält, den man aber nicht mit Gewalt dem Andersdenkenden aufzwingt.“[151] Das galt in den 1950er Jahren jedenfalls nicht mehr.

Und 1954 schlug auch schon Stammapostel Bischoff aggressive Töne an: „Wo sind die Bezirke hingekommen, wo der Bezirksvorsteher sich nicht ganz streng an meine Worte gehalten hat? Sie sind vom Siegeszug Christi überfahren und beseitigt worden. Der Herr scherzt nicht, wer ihm widersteht, den überfährt er.“[152]

---

150 Schmidt Walter in: Der Jugendfreund 1956, S. 45/46

151 Salus: Alte und Neue Wege, Leipzig 1913, S. 420

152 Bischoff, Johann Gottfried in einem Gottesdienst am 18.07.1954 in Kirchheim/ Teck

Klaus Böcher schreibt in seiner Arbeit von 1976: J.G. Bischoff „bewies in seinem Amte das gleiche Selbstbewusstsein wie seine Vorgänger. Opposition und Widerspruch liess er nicht zu. [...] In schwierigen Lagen trat sein seelsorgerliches Wirken hinter bloßes Taktieren zurück, das sich gelegentlich durch Skrupellosigkeit auszeichnete.“[153] Diese Aussage traf nicht nur auf den Stammapostel, sondern auf etliche andere Apostel in dieser Zeit zu.

Auf Stammapostel Schmidt folgte dann am 15. Febuar 1975 Ernst Streckeisen. Friedrich Bischoff blieb nach dem Tod seines Vaters Bezirksapostel und Verleger. Damit sind zwei der schärfsten Kritiker Kuhlens statt ihm in das höchste Amt der Neuapostolischen Kirche nachgerückt.

Die Apostel der Vereinigung Apostolischer Gemeinschaften (VAG) erklärten nach dem Informationsabend der NAK vom 4. Dezember 2007 am 1. Februar 2008 zu den Fragen und Problemstellungen dieses Aufsatzes zutreffend:

> „Die „Botschaft“ ist mit dem Gesamtzeugnis der Heiligen Schrift unvereinbar. Sie kann deshalb nicht als göttliche Offenbarung gelten, sondern muss menschlichem Wunschdenken zugeordnet werden. Die Behauptung Johann Gottfried Bischoffs, der Herr habe ihn den Inhalt der „Botschaft“ wissen lassen, weisen wir deshalb als unwahr zurück.
>
> Die „Botschaft“ war zu Unrecht zur Glaubenslehre erhoben worden und muss als Irrlehre bezeichnet werden. Der eingeforderte Glaube an diese „Botschaft“ war die Einforderung des Glaubens an eine Irrlehre.
>
> Die Nichterfüllung der „Botschaft“ war vorauszusehen, denn Gottes Wort bleibt in Ewigkeit. Die Aussage der damaligen Kirchenleitung der Neuapostolischen Kirche

---

153 Böcher, Klaus: Die Neuapostolische Kirche als christliche Glaubensgemeinschaft, wissenschaftliche Arbeit, 28.05.1976, Gesamthochschule Siegen

zur Erklärung der Nichterfüllung der „Botschaft“, dass Gott seinen Willen geändert habe und nicht der Stammapostel sich geirrt haben könne, ist, wie die „Botschaft“ selbst, mit dem Gesamtzeugnis der Heiligen Schrift unvereinbar. Sie muss als hartnäckige Weigerung der Anerkennung göttlichen Willens angesehen werden. Wir weisen deshalb diese Aussage ebenfalls als unwahr zurück.

Auf welche Weise eine Kirche geleitet wird, muss vorrangig als theologische Frage angesehen werden. Innerkirchliche Leitungsstrukturen leiten sich aus der Glaubenslehre ab und müssen sich an ihr messen lassen. Alle juristischen Regelungen und internen organisatorischen Bestimmungen erwachsen aus dem grundsätzlichen Glaubensverständnis und sind diesem nachgeordnet.

Dass die Leitung der Neuapostolischen Kirche durch einen Stammapostel wahrgenommen wird, ist aus dem neuapostolischen Glaubensverständnis abgeleitet und nicht aus dem bürgerlichen Recht. Deshalb kann die aufgeworfene Frage nach der Leitung der Kirche nicht vorrangig als eine Strukturfrage verstanden, sondern muss deshalb als eine Glaubensfrage angesehen werden.

Eine Aufarbeitung der Geschichte muss sich diesen grundsätzlichen Fragen stellen. Die am 4. Dezember 2007 veröffentlichte Geschichtsdarstellung geht diesen Fragen nicht nach. Sie setzt die „Botschaft“ unkritisch als Wahrheit voraus. Sie beschreibt die Krise innerhalb der Kirchenleitung der Neuapostolischen Kirche als eine Strukturkrise und nicht als eine Glaubenskrise.“[154]

Volker Wissen im Juli 2012

---

154 Vereinigung Apostolischer Gemeinschaften Europa: Erklärung der Apostel und Bischöfe vom 1. Februar 2008, S. 3

Literaturverzeichnis

- Amtsblatt der Neuapostolischen Kirche, Frankfurt, verschiedene Jahrgänge
- Apostelkollegium der Neuapostolischen Kirche: Die Ämter und Sakramente der NAK, Frankfurt 1935
- Böcher, Klaus: Die Neuapostolische Kirche als christliche Glaubensgemeinschaft, wissenschaftliche Arbeit, 28.05.1976, Gesamthochschule Siegen
- Brot des Lebens Nr. 22 vom 15. November 1948, Schweiz
- Creditreform Frankfurt: Auskunft zur Friedrich Bischoff Druckerei vom 22.3.1955
- Drave, Walter: Die Neuapostolische Kirche von 1938-1955, Entwicklungen und Probleme, November 2007
- Eberhardt, Waldemar, Dr. jur.: Schreiben an die Satirezeitschrift „Frankfurter Laterne" vom 3. Mai 1933
- Keller, Manfred: Kirche und Wahrheit, o.O., 2008
- König, Michael und Marschall, Jürgen: Apostel in der NSDAP, Feldafing 1993
- König, Michael: Die Neuapostolische Kirche in der N.S.-Zeit, Feldafing 1993
- Kuhlen, Peter: Einige Aufzeichnungen über mein apostolisches Leben, o.O., o.J.
- Kuhlen, Peter: Aktenaufzeichnungen über die Gründe meines am 25. November 1950 erfolgten Rücktritts als Stammapostelhelfer und Nachfolger im Stammapostelamt

- Kuhlen, Peter: Aufzeichnungen „Diverses hinsichtlich Einfluss Fritz Bischoff in der Leitung", o.O., o.J.
- Kuhlen, Peter: Notizen über die Apostelversammlung vom 22.5.1951 nachm. 3 Uhr in Frankfurt
- Kuhlen, Peter: Kurze Notizen über den Verlauf der Versammlung der Bezirksapostel am 21.1.1954 nachm. 15 Uhr in Frankfurt a.M., Sofienstraße 50
- Kuhlen, Peter: Einige Notizen über die am Sonntag, 12. September 1954 im kleinen Saal der Neuapostolischen Gemeinde Stuttgart, Einkornstr. 13 stattgehabten Apostelversammlung, an welcher 30 Apostel teilnahmen, o.O., o.J.
- Kuhlen Peter: Ereignisse in der Neuapostolischen Kirche, die zur Gründung der Apostolischen Gemeinde geführt haben, Düsseldorf 1955
- Meier-Widmer, Erwin: Chronologie der Aera Johann Gottfried Bischoff, Schaffhausen 6. April 1998, ergänzt 5. November 1998
- Neuapostolische Gemeinde: Der Größte unter ihnen, Frankfurt 1928
- Neuapostolische Kirche: Protokoll der Apostelversammlung am 2. August 1948 in Quelle
- Neuapostolische Kirche: Rundschreiben des Stammapostels vom 4. August 1948 zur Verlesung in den Gemeinden
- Neuapostolische Kirche Nordrhein-Westfalen: Zur Geschichte der Neuapostolischen Kirche 1938-1955 – Gespräch mit Zeitzeugen, Dortmund 2008
- Ostheimer, Andreas: Neue Apostel und Echte Apostel. Zur Kontroverse zwischen Niehaus und Niemeyer in:

Aufbau, Ausbau, Trennungen, 2. Tagungsband des Netzwerkes Apostolische Geschichte, Nürtingen 2009

- o.V.: Bericht über den Gottesdienst gehalten vom Stammapostel im Beisein der überseeischen Apostel am 16.9.1933 im Apollo-Theater in Düsseldorf
- o.V: Bericht über den von Bezirksapostel Kuhlen gehaltenen Bezirksgottesdienst in der Gemeinde Düsseldorf-Flingern am Neujahrstage 1939
- o.V.: Gottesdienstprotokoll des Einsetzungsgottesdienstes vom 1. August 1948 in Bielefeld
- Parzich, Wilhelm: Sondernummer Feb./März 1972
- Salus: Alte und Neue Wege, Leipzig 1913
- Schabronat, Klaus: Die NAK im Dritten Reich – ein Zwischenbericht, o.J., o.O
- Schmidt, Walter: rückblickender Bericht „Wie Kuhlen Stammapostelhelfer wurde“ und Brief an den Stammapostel, 8. September 1952, o.O.
- Tjaden, Heinz-Peter: Kauft nicht bei Neuapostolischen
- Tjaden, Heinz-Peter: Neuapostolische Kirche: Geschichtsvortrag ging gründlich daneben (VIII), Internetblog Readers Edition vom 6. Juli 2008
- Tjaden, Heinz-Peter: Neuapostolische Kirche: Geschichtsvortrag ging gründlich daneben (XIX), Internetblog Readers Edition vom 21. Juli 2008
- Tjaden, Heinz-Peter: Neuapostolische Kirche: Geschichtsvortrag ging gründlich daneben (XX), Internetblog Readers Edition vom 23. Juli 2008

- Vereinigung der Apostel der Apostolischen Gemeinden: Lehrbuch für Apostolische Christen, o.O., 1958
- Vereinigung Apostolischer Gemeinschaften Europa: Erklärung der Apostel und Bischöfe vom 1. Februar 2008
- Wächterstimme, Frankfurt, verschiedene Jahrgänge
- Weine, Peter: Brief an Peter Kuhlen vom 15.07.1949
- Weine, Peter: Brief an Apostel Kuhlen vom 7.10.1950
- Weinmann, Karl: Wie Kuhlen Stammapostelhelfer wurde, Hamburg 5. Mai 1952
- Wissen, Volker: Theologische Entwicklungen in der VAG von 1956 bis heute, Remscheid 2007
- Wissen, Volker: Zur Freiheit berufen, Remscheid 2008

Abbildungsverzeichnis

- Seite 38, Apostel Siegfried Dehmel - mit freundlicher Genehmigung der Neuapostolischen Kirche NRW, Dortmund
- Seite 42, Bezirksapostel Karl Weinmann - mit freundlicher Genehmigung von Alfred Krempf, Archiv der Neuapostolischen Kirche NRW, Brauweiler
- Seite 52, Bezirksapostel Walter Schmidt - mit freundlicher Genehmigung von Alfred Krempf, Archiv der Neuapostolischen Kirche NRW, Brauweiler
- Seite 55, Bezirksapostel Gerrit Kamphuis - mit freundlicher Genehmigung von Alfred Krempf, Archiv der Neuapostolischen Kirche NRW, Brauweiler
- Seite 58, Apostel Otto Güttinger - mit freundlicher Genehmigung der Neuapostolischen Kirche Schweiz, Zürich
- Seite 59, Apostel Ernst Friedrich Dunkmann - mit freundlicher Genehmigung der Neuapostolischen Kirche NRW, Dortmund
- Rückencover: Autor Volker Wissen - Foto: Sebastian Trautmann, Berlin

Zum Autor:

Volker Wissen wurde am 6. Mai 1965 in Duisburg geboren und ist seither Mitglied in der „Apostolischen Gemeinschaft e.V.“, der deutschen Gliedkirche der „Vereinigung Apostolischer Gemeinschaften“, die 1955 durch Spaltung von der Neuapostolischen Kirche entstanden ist. Er studierte Betriebswirtschaft an der Fernuniversität Hagen und Ostasienwissenschaften an der Heinrich-Heine-Universität Düsseldorf. Er engagiert sich seit 2008 im „Netzwerk Apostolische Geschichte“ und gehört dort seit der Vereinsgründung 2010 dem Vorstand an.